EBS 논술톡의 구성과 특장

1 『EBS 논술톡』은 생각하는 힘을 키우는 독서 논술 교재입니다.

『EBS 논술톡』은 초등학교의 단계별 특징에 맞는 문제를 해결하면서 자기주도적으로 학습할 수 있는 워크북 형식의 초등 독서 논술 교재입니다. 또한 초등학교 학생들의 논리적인 사고력과 창의적인 사고력을 향상시켜 주는 읽기와 쓰기 활동을 강화하였습니다. 초등학교 때 읽기와 쓰기 활동을 통하여 습득한 논리적인 사고력과 창의적 사고력은 모든 교과 학습의 바탕이 되고 사람다운 사람으로 성장하는 데 큰 자양분이 됩니다.

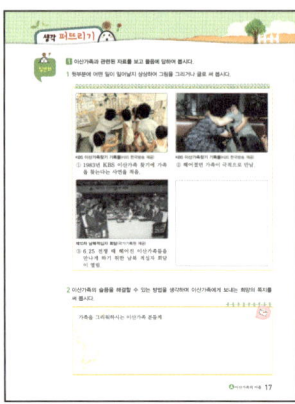 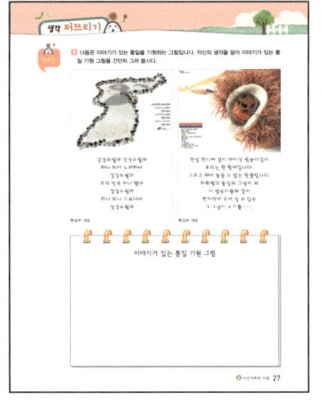 

2 『EBS 논술톡』은 창의 인성 교육에 부응하는 독서 논술 교재입니다.

『EBS 논술톡』은 최근 창의 인성 교육의 필요성에 부응하여 나·가족, 학교, 이웃·동네, 국가·세계 등 4개의 대영역으로 구분하고, 인성 덕목 18개의 가치 요소로 나누어 학년별로 체계화하여 제시하였습니다. 인성 덕목 18개의 가치 요소는 학년별 특성에 맞도록 구성하여 하나의 주제로 이야기 글, 기타 글, 논술 주제로 구분하였습니다. 또 소주제를 제시하여 동화, 칭찬하는 글, 기사문, 광고문 등의 특성에 맞게 짜임새 있는 글로 조직하여 학생들에게 전달하고, 그 의미를 생각하게 하며, 이를 어떻게 읽고 자기 것으로 소화시킬 것인지 그에 대한 방법을 제시합니다.

구분	나·가족	학교	이웃·동네	국가·세계
1학년	효도	존중	협동	애국심
	사랑의 표현	사이좋은 친구	서로 돕는 우리	자랑스러운 우리나라
2학년	존중	배려	공익	자연애
	소중한 나	사이좋은 친구들	함께하는 우리	하나뿐인 지구
3학년	효도	책임	협동	애국심
	나의 사랑, 부모님	내 생활의 주인은 나	작은 힘도 모으면 큰 힘	나라 사랑 큰 나무
4학년	성실	자율	인류애	생명 존중
	내 마음 속 진심	나를 찾는 술래잡기	더불어 살아가는 우리	생명 사랑의 실천
5학년	통일의지	정의	존중	준법
	이산가족의 아픔	두 얼굴의 학교생활	모두를 위한 세상	법사랑 행복사회
6학년	절제	성실	예절	평화
	나와의 약속	성공의 열쇠	우리말 나들이	하나 된 지구촌

3 『EBS 논술톡』은 단계별 활동 중심의 독서 논술 교재입니다.

『EBS 논술톡』은 단순히 글을 읽고 써 보는 활동이 아닌, 각 소주제에 따라 생각틔우기, 생각키우기, 생각피우기, 생각퍼뜨리기의 4단계로 구성하여 읽고 쓰고 생각하는 활동을 하나의 과정으로 통합하여 제시하였습니다.

글을 읽기 전에 글의 배경을 먼저 알아보고, 자신의 경험을 생각하며 낱말을 익히는 활동을 합니다.

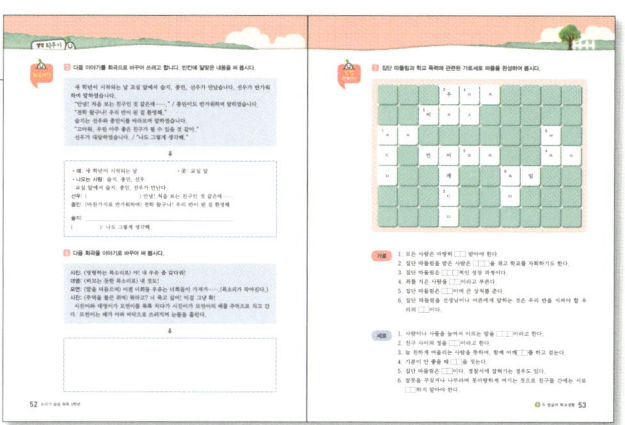

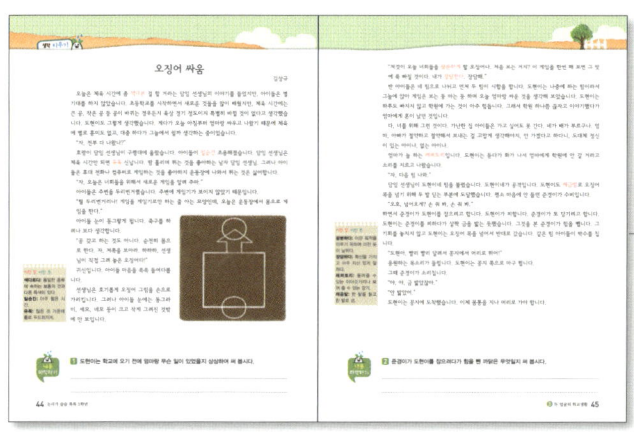

일정한 기준에 따라 글의 내용을 정리하며 글이 어떻게 연결되고 짜여 있는지 파악해 보고, 자신의 느낌과 생각을 표현해 보는 활동을 합니다.

글의 주제나 중심 생각 등에 대해 알아보고 예측해 보는 활동과 자신의 생활과 비교해 보며 글의 내용을 파악하고 확인하는 활동을 합니다.

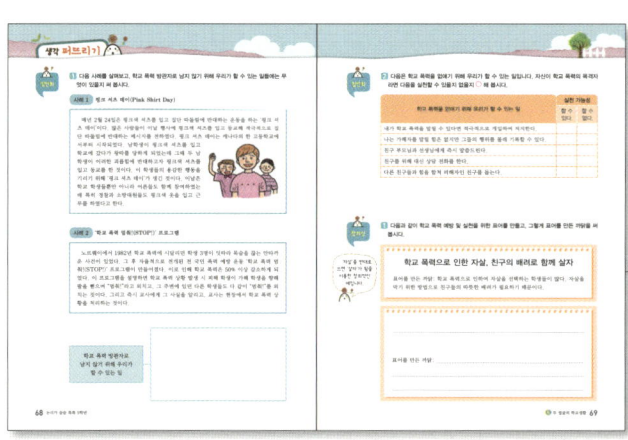

생각피우기에서 정리하고 표현한 내용을 형식화하고 일반화하는 과정을 통해 주제에 맞게 글을 써 보고 작품화하는 활동을 합니다.

EBS 논술톡의 **차례**

A 이산가족의 아픔 | 통일 의지

이야기 글
1. 멀리 있는 친구 8
   - 이산가족의 실태를 알아보고, 이산가족과 관련된 낱말 알기
   - 사건 짐작해 보며 이야기 읽기
   - 내용을 구조화하고 인물의 마음을 이해하며 인터뷰하기, 일기 쓰기
   - 이산가족의 아픔을 이해하기 위한 희망 편지 쓰기

기타 글
2. 통일전망대를 다녀와서, 천 년의 역사가 살아 숨 쉬는 국립경주박물관 18
   - 기행문의 특성을 알고 낱말 익히기
   - 통일전망대 여행 계획을 세워 보고 본문 읽기
   - 북한 관광지 어플 만들기 및 북한 친구에게 남한 여행지 소개하는 편지 쓰기
   - 통일을 기원하는 통일 기원 그림 그리기

논술 주제
3. 통일은 필요한가 28
   - 남북 분단 원인을 통해 문제 확인하기
   - 통일에 관한 두 가지 입장 생각하기
   - 통일의 필요성에 대한 주장 펼치기
   - 통일 노래 노랫말 만들기

B 두 얼굴의 학교생활 | 정의

이야기 글
1. 오징어 싸움 40
   - 나의 학교생활 알아보고, 관련된 낱말 알기
   - 사건 짐작해 보며 이야기 읽기
   - 내용을 구조화하고 친구의 마음을 이해하며 일기 쓰기
   - 즐거운 학교생활을 위한 실천 서약서 만들기

기타 글
2. 바보 공주 50
   - 희곡의 특성을 알고 낱말 익히기
   - 학교 폭력 사례의 결과를 예측하고 본문 읽기
   - 친구의 입장이 되어 보고, 친구에게 편지 쓰기
   - 학교 폭력 예방을 위한 학급 규칙 만들기

논술 주제
3. 학교 폭력 방관자는 유죄인가 60
   - '제노비스 신드롬'을 통해 문제 확인하기
   - 학교 폭력 방관자에 대한 두 가지 입장 생각하기
   - 학교 폭력 방관자에 대한 주장 펼치기
   - 학교 폭력 예방 사례를 살펴보고 표어 만들기

C 모두를 위한 세상 | 존중

이야기 글   1. 당신의 의견은?   72
- 차이와 차별 구분하기
- 이야기 읽고 문제 풀기
- 이야기 내용 파악하기
- 평등 관련 속담 만들기

기타 글   2. 대한민국 어린이 헌장   84
- 선언문의 특성 알기
- 선언문 읽기
- 장애를 가진 어린이의 인권 살펴보기
- 장애를 가진 어린이를 위한 발명품 설계하기

논술 주제   3. 장애인 의무 고용 필요한가   92
- 장애 간접 체험하기
- 장애인 의무 고용 근거 자료 살펴보기
- 장애인 의무 고용에 대한 주장 펼치기
- 논술문 쓰기

D 법 사랑 행복 사회 | 준법

이야기 글   1. 재판을 신청합니다   104
- 법의 개념과 재판 관련 낱말 알기
- 사건 짐작해 보며 이야기 읽기
- 판결문 완성하기
- 우리 반 규칙 만들기

기타 글   2. 대한민국 초대 대법원장 김병로   114
- 전기문의 특성 알기
- 전기문 읽기
- 판사님들께 부탁하는 글 쓰기
- 정의의 여신상에 담긴 의미 알기

논술 주제   3. 법에도 관용은 필요한가   124
- 「레 미제라블」을 통하여 문제 확인하기
- 법과 관용에 관한 두 가지 입장 생각하기
- 법과 관용에 대한 주장 펼치기
- 피오렐로 라과디아 판사의 일화 읽기

A
이산가족의 아픔

통일 의지는 통일에 대한 간절한 생각을 다시 한번 되새기는 것을 말합니다. 통일 의지를 통해 조화로운 민족 공동체를 구현하고, 이산가족의 고통 해소를 실현할 수 있습니다. 또한 통일을 통해 다양한 경제적 혜택을 창출하고 한반도에서 전쟁 위협을 해소할 수 있으며 세계 평화에 기여하는 측면에서 그 필요성을 찾을 수 있습니다.

A-1. 멀리 있는 친구

- **생각틔우기**
  이산가족의 실태를 알아보고, 이산가족과 관련된 낱말 알기
- **생각키우기**
  사건 짐작해 보며 이야기 읽기
- **생각피우기**
  내용을 구조화하고 인물의 마음을 이해하며 인터뷰하기, 일기 쓰기
- **생각퍼뜨리기**
  이산가족의 아픔을 이해하기 위한 희망 편지 쓰기

A-2. 통일전망대를 다녀와서, 천 년의 역사가 살아 숨 쉬는 국립경주박물관

- **생각틔우기**
  기행문의 특성을 알고 낱말 익히기
- **생각키우기**
  통일전망대 여행 계획을 세워 보고 본문 읽기
- **생각피우기**
  북한 관광지 어플 만들기 및 북한 친구에게 남한 여행지 소개하는 편지 쓰기
- **생각퍼뜨리기**
  통일을 기원하는 통일 기원 그림 그리기

A-3. 통일은 필요한가

- **생각틔우기**
  남북 분단 원인을 통해 문제 확인하기
- **생각키우기**
  통일에 관한 두 가지 입장 생각하기
- **생각피우기**
  통일의 필요성에 대한 주장 펼치기
- **생각퍼뜨리기**
  통일 노래 노랫말 만들기

A-1 멀리 있는 친구

공부한 날 _____년 _____월 _____일

공부할 문제 「멀리 있는 친구」를 읽고 남북 분단의 아픔을 이해하여 봅시다.

생각틔우기 • 9
이산가족의 실태를 알아보고, 이산가족과 관련된 낱말 알기

생각키우기 • 11
사건 짐작해 보며 이야기 읽기

생각피우기 • 15
내용을 구조화하고 인물의 마음을 이해하며 인터뷰하기, 일기 쓰기

생각퍼뜨리기 • 17
이산가족의 아픔을 이해하기 위한 희망 편지 쓰기

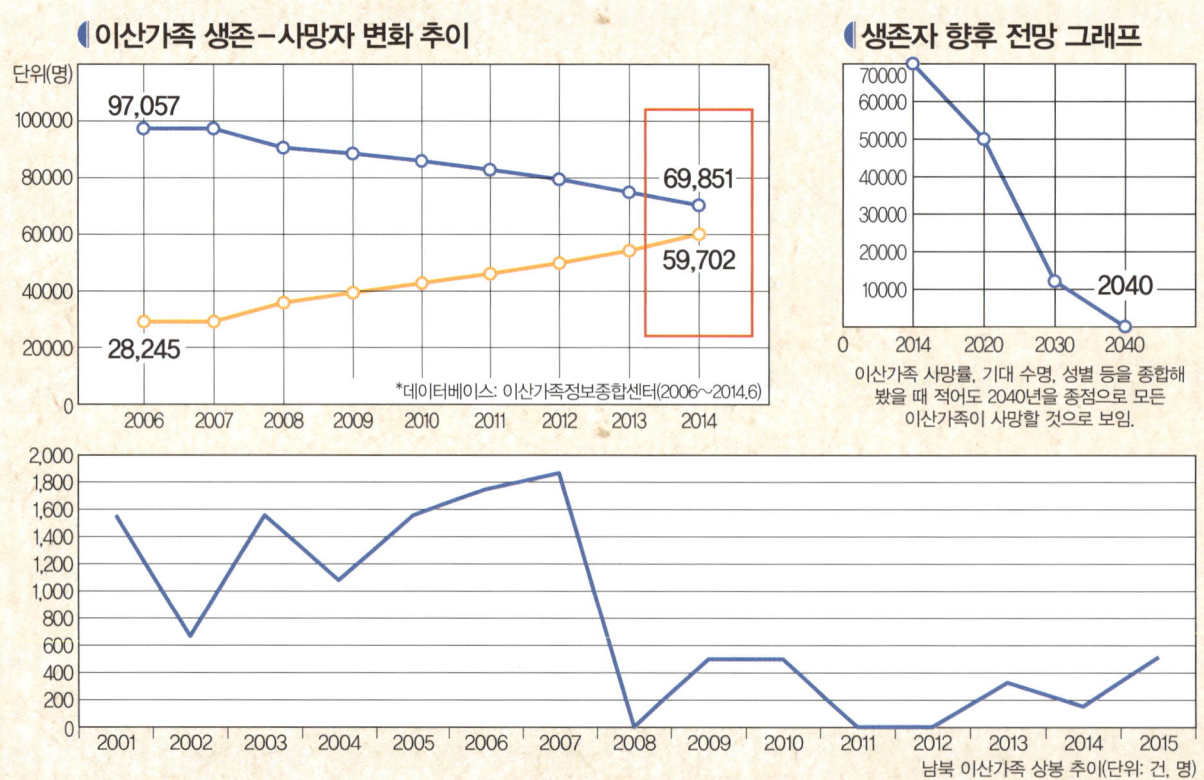

생각 틔우기

1 다음은 어떤 낱말을 설명한 것인지 빈칸에 알맞은 글자를 써 봅시다.

> 가족이 이산되는 데는 자연적 원인과 인위적 원인이 있습니다. 자연적 원인은 지진·홍수 등 천재지변으로 말미암아 가족이 이산되는 경우이고, 인위적 원인은 국제적 무력 충돌·내란 또는 그 밖의 사회적·정치적 불안정으로 인하여 가족이 이산되는 경우입니다. 이처럼 가족의 구성원이 본의 아니게 흩어짐으로써 서로 만날 수 없게 된 가족을 우리는 ☐☐☐ 이라고 부릅니다.

이런 말 이런 뜻
이산: 헤어져 흩어짐.

2 유네스코 세계 기록 유산으로 등재된 'KBS 특별 생방송 이산가족 찾기'에 관한 설명을 보고, 만일 자신이 이산가족이라면 어떤 마음이 들지 써 봅시다.

KBS 이산가족찾기 기록물(KBS 한국방송 제공)

- 1983년 6월 30일 첫 전파를 탄 'KBS 특별 생방송 이산가족을 찾습니다'는 애초 일회성 특집 프로그램으로 기획됐다. 하지만 신청자가 쇄도하며 1983년 11월 14일까지 장장 138일간 계속됐고, 세계 최장 생방송(453시간 45분)이라는 전무후무한 기록을 남겼다.
- 이산가족 사연 5만 3천536건이 방송에 소개됐고, 이 가운데 1만 189건이 상봉의 감격으로 이어졌다.
- 방송 기간 여의도 KBS 본관 앞은 헤어진 가족을 찾으려고 몰려든 사람들로 인산인해를 이뤘다.
- 대한적십자사에 등록된 6·25 전쟁 이산가족은 남한에만 12만 9천688명(2015년 5월 말 기준). 이 중 절반가량은 이미 숨졌고 6만 6천800여 명은 더 늦기 전에 가족을 만나길 바라며 하루하루 살아가고 있다.

Ⓐ 이산가족의 아픔

낱말 익히기

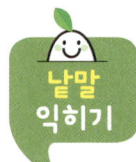

1 낱말 뜻에 알맞은 낱말을 보기에서 찾아 빈칸에 써 봅시다.

보기

상봉 통일 이산 분단

서로 만남.

동강이 나게 끊어 가름.

헤어져 흩어짐.

나누어진 것들을 합쳐서 하나의 조직 · 체계 아래로 모이게 함.

2 **1**에서 답한 낱말을 활용하여 다음과 같이 '이산가족'에 대한 생각을 한 문장으로 써 봅시다.

예 광복 70주년이 되는 미래의 한반도는 통일이 되어 이산가족이 없습니다.

 생각 키우기

1 다음은 「멀리 있는 친구」에 등장하는 경빈이가 그린 남북한 어린이의 모습입니다. 그림을 보고, 물음에 답하여 봅시다.

북한 어린이　　　　　　　　　남한 어린이

1 두 어린이의 모습이 어떻게 보이는지 써 봅시다.

북한 어린이	머리만 크고 몸은 깡말라 위태로워 보입니다.
남한 어린이	

2 북한 어린이들을 돕기 위해 유엔 사무총장이나 세계 각국의 지도자에게 편지를 써 봅시다.

A 이산가족의 아픔

멀리 있는 친구

김상규

"아빠! 이거 봐라."

경빈이가 가방을 내려놓지도 않고 손에 든 도화지를 흔듭니다. 아마 미술 시간에 그린 건가 봅니다.

"어디? 이거 우리 경빈이가 그린 그림이야?"

그림 속에는 북한 주민들이 굶주려서 뼈만 앙상하게 남은 모습으로 그려져 있는데 모두 어린 아이들이네요. 불쌍한 사람들을 그려서 마음이 아프기는 했지만, 역시 경빈이는 그림에 소질이 많은가 봅니다. 전문가는 아니지만, 아빠 눈에는 어느 유명한 화가의 그림보다도 더 잘 그린 것처럼 보이거든요. 아빠라서 그럴까요?

"왜 이 아이들은 모두 이렇게 깡말랐니?"

경빈이가 아빠의 질문이 이상하다는 듯이 쳐다봅니다. 그것도 모르느냐는 듯이요.

"그거야 북한에는 먹을 게 없으니까 그렇지."

북한의 식량난이 심각하다는 이야기는 텔레비전 뉴스에도 나오고 어린이 신문에도 사진이 실렸으니까 아무리 초등학생이라고 해도 경빈이가 모를 리 없지요. 아빠는 좀 놀라웠지요. 응석만 부리는 아기인 줄 알았는데 벌써 자기 자신 이외에도 관심을 갖고 있으니까요. 아빠는 경빈이가 어떤 생각을 하고 있는지 자세히 알고 싶어졌답니다.

"그러면 이 밑의 그림은?"

경빈이는 참 기막히다는 표정입니다.

"그것도 몰라? 우리나라 아이들이지 뭐야!"

그림의 아래쪽에는 살이 토실토실하게 찐 예쁜 아이들이 놀고 있는 모습이 그려져 있었거든요. 남과 북의 아이들 모습이 무척 차이가 나 보였습니다. 그러면서도 남쪽 아이들은 자기들끼리만 재미있게 지내고 있는 게 마음에 걸렸습니다. 6.25 전쟁 이후 분단되기는 했어도 원래 한민족이니까 서로 도와주려는 마음이 있어야 하는데 그림만 보아서는 그런 걸 느끼기 어려웠거든요. 특히 북한 아이들보다 잘 지내고 있는 우리나라의 아이들이 북한 아이들을 생각하는 게 필요하다는 생각도 들었답니다. 아빠는 경빈이의 그림을 차근차근 보면서 이야기하기 시작했습니다.

> **이런 말 이런 뜻**
> **6.25 전쟁:** 1950년 6월 25일 새벽에 북한군이 북위 38도선 이남으로 기습적으로 침공함으로써 일어난 전쟁.
> **분단:** 동강이 나게 끊어 가름.

1 남과 북의 어린이가 다르게 그려진 까닭은 무엇인지 써 봅시다.

_____

_____

이런 말 이런 뜻
유니세프: 국제 연합 아동 기금.

"그래, 북한에는 먹을 게 없어서 많은 사람들이 굶주림에 고통을 받고 있단다. 특히나 어린아이들이 더 고생한다고 유니세프에서 그렇게 말하더구나. 북한 아이들의 몸집도 우리나라 아이들과 달리 머리만 크고 키는 자라지 않는다는데, 그게 다 영양실조에 걸려서 그렇다는구나. 잘 못 먹으니까 말이야. 그런 북한 아이들에 비하면 우리나라 아이들은 참 다행이지. 밥을 굶을 정도로 가난한 집은 없으니까 말이야.

하지만 이런 것도 생각해야만 한단다. 우리만 잘사는 게 정말 좋은 것은 아니라는 거지. 북한 아이들도 통일이 되면 함께 살아야 할 우리 민족의 아이들이거든. 그런 아이들이 이렇게 굶주려서 제대로 크지 못한 채 어른이 되고 또 통일이 된다면 어떻게 될까? 같은 나라 사람들인데 누구는 건강하고 누구는 매일 아프기만 한다면 행복한 세상이 되기 어렵지 않겠니? 아픈 사람도 아픈 사람이지만, 그걸 곁에서 보고 돌봐야 하는 사람들도 행복할 수 없기 때문이란다.

이렇게 그림 속에 우리나라 아이들만 건강하고 행복한 것보다는 북한 아이들도 함께 건강하고 행복한 게 좋지 않겠니?"

"하지만 어떻게 도와줘? 편지도 못 보내는데……."

경빈이 생각에 아빠는 참 답답했습니다. 도와줄 수도 없는데 어떻게 도와주자는 이야기인지 정말 답답했어요. 북한은 우리나라랑 사이도 좋지 않고, 편지 왕래도 못 하게 하고 있다는 이야기를 많이 들었거든요.

"그래. 우리나라 사람들이 북한에 편지를 보내기도 어렵고, 북한을 방문하기도 어렵지. 그게 문제란다. 편지나 전화, 텔레비전같이 간접적으로라도 조금씩 서로를 이해하고, 그러다가 사람도 왕래하고 서로 물건도 주고받고 그래야 통일이 자연스럽게 올 수 있을 텐데, 아직 편지조차 주고받을 수 없으니 말이야. 한민족이 함께 행복하게 살기 위해서는 하루빨리 통일이 되어야 하는데……. 그래야 북한 아이들도 행복할 수 있고 말이야.

내용 파악하기

2 자신이 경빈이 아빠의 입장이 되어 북한 어린이들에게 편지를 쓴다면 어떤 내용을 쓸지 상상하여 써 봅시다.

A 이산가족의 아픔

생각 키우기

　현대 사회는 나라나 국민이 고립되어서는 잘 살 수 없게 되었단다. 옛날처럼 농사만 짓고 산다고 하더라도 자기가 만든 농산물을 다른 나라에 팔고, 그 돈으로 필요한 물품을 다른 나라에서 사 와야 국민들이 잘 살 수 있는 거란다. 이렇게 다른 나라들과 국제적으로 협력해야 나라가 부강해지고 국민들도 행복하게 살 수 있는데, 북한은 아직도 자기들만으로도 잘 살 수 있다고 생각하고 있거든. 그것도 국민의 행복보다는 전쟁 준비나 김 씨 일가의 권력 유지에만 관심이 있지. 그게 잘못된 생각이란다. 그리고 그런 생각을 북한 주민들에게 자꾸 심어 넣고 있어. 북한의 정치인들이 자신들의 잘못된 생각을 하루빨리 고쳐야 북한 국민이 잘 살 수 있단다."

"하지만 북한 아이들은 지금 굶주리고 있잖아. 북한 정치인들 생각이 바뀔 때까지 기다리다가 아이들이 다 굶어서 죽으면 어떻게 해?"

　경빈이는 아빠가 빤한 이야기만 한다는 생각이 들었습니다. 그걸 누가 몰라서 그러나. 북한 정치인들의 생각이 바뀔 때까지 기다리다가는 북한 아이들이 다 굶어 죽겠다, 뭐. 경빈이는 뚜렷한 방법이 없을까 생각했습니다.

"그게 문제란다. 우리나라 정부가 도와준다고 해도 북한 사람들한테 남한 사람들이 도와준다는 생각을 갖게 하는 게 싫어서 그런지 북한의 정치인들이 자꾸 거부하고 있단다. 그래서 우리나라에서는 국가가 아닌 민간단체에서 도와주는 방법으로 하려고 하지. 대한적십자사나 몇몇 종교 단체에서 기금을 모아서 북한 주민에게 쌀이나 밀가루를 보내려고 한다든지, 해외에 있는 교포들이 조금씩 돈을 모아서 보내 주는 방식으로 실행에 옮겨지곤 한단다. 하지만 민간단체에서 하는 일이 생각처럼 쉽게 이루어지는 것도 아니라서 걱정이란다.

　우리 경빈이가 어른이 되기 전에 꼭 통일이 되어야 할 텐데……."

　경빈이는 아빠의 이야기를 알 듯 모를 듯합니다. 왜 어른들 사이는 그렇게 복잡한지, 도와주려면 도와주고, 도움을 받으려면 받으면 되는데, 뭐가 그렇게 복잡하게 얽혀 있는지 모르겠다고요. 아빠 얘기를 듣다 보니 이런 생각도 들었답니다. 북한 아이들도 따지고 보면 다 내 친구인데……. 멀리 있어도 내 친구인데, 어떻게 하면 도와줄 수 있을까? 통일이 되면 같이 지내야 할 친구들인데 말이죠. 하지만 또렷하게 좋은 방법이 떠오르지 않네요.

이런 말 이런 뜻
교포: 다른 나라에 아예 정착하여 그 나라 국민으로 살고 있는 동포.
통일: 나누어진 것들을 합쳐서 하나의 조직·체계 아래로 모이게 함.

3 북한 어린이들을 도울 수 있는 구체적인 방법을 써 봅시다.

_____

_____

1. 다음은 「멀리 있는 친구」의 내용을 정리한 것입니다. 이야기의 순서에 맞게 번호를 써 봅시다. 그리고 뒷이야기를 상상하여 ④의 빈칸에 써 봅시다.

| ① 경빈이가 남북한 어린이를 그린 그림을 아빠에게 보여 준다. | ② 경빈이는 북한 어린이들이 지금은 멀리 있어도 언젠가 통일이 되면 만날 친구라고 생각한다. | ③ 경빈이는 아빠와의 대화를 통해 북한 어린이가 왜 건강하지 못한지 알게 된다. | ④ _____ |

(→   →   →   ④   )

2. 「멀리 있는 친구」의 주인공인 경빈이가 되어 다음 인터뷰에 답하여 봅시다.

기자: 북한 어린이들도 친구라고 했는데, 얼굴도 못 본 아이들을 과연 친구라고 할 수 있나요?

경빈: _____

기자: 그렇다면 북한 친구들을 어떻게 도와줄 수 있을까요? 구체적으로 말씀해 주세요.

경빈: _____

기자: 북한 어린이들이 이 방송을 본다고 생각하고 북한 친구들에게 꼭 하고 싶은 이야기를 짧게 해 주세요.

경빈: _____

1 다음은 이산가족 중 생존자와 사망자에 관련된 표입니다. 다음 표를 보고 떠오르는 생각이나 느낌을 일기로 써 봅시다.

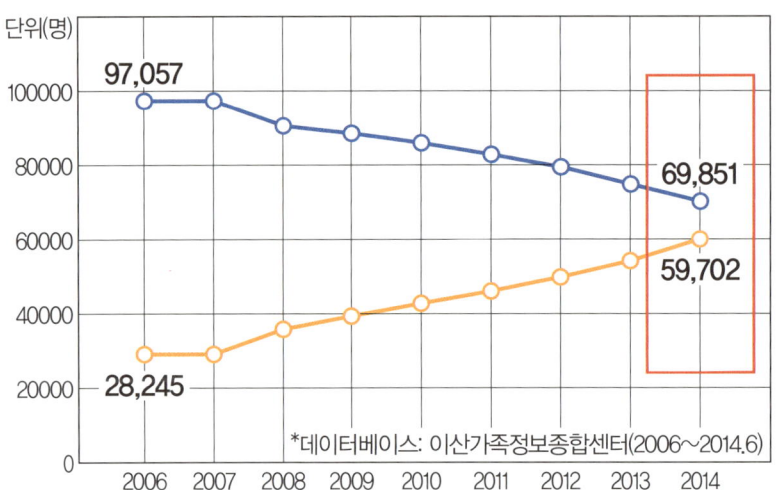

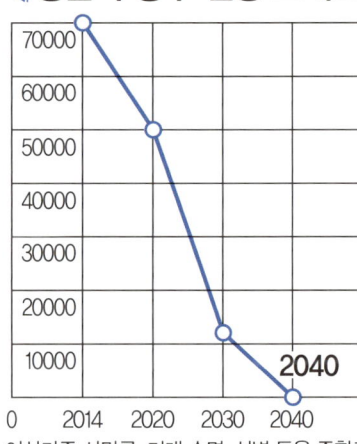

헤어진 가족을 만나지 못하고 눈을 감아야 하는 이산가족의 슬픔을 이해하고, 이산가족 문제를 해결하기 위해 할 수 있는 일을 생각해 봅시다.

20   년   월   일   날씨 :

제목 :

생각 퍼뜨리기

1 이산가족과 관련된 자료를 보고 물음에 답하여 봅시다.

1 뒷부분에 어떤 일이 일어날지 상상하여 그림을 그리거나 글로 써 봅시다.

KBS 이산가족찾기 기록물(KBS 한국방송 제공)

① 1983년 KBS 이산가족 찾기에 가족을 찾는다는 사연을 적음.

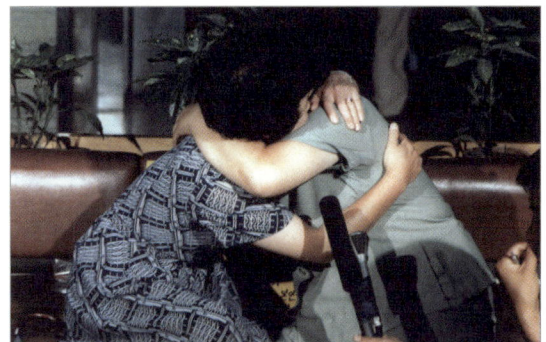

KBS 이산가족찾기 기록물(KBS 한국방송 제공)

② 헤어졌던 가족이 극적으로 만남.

제10차 남북적십자 회담(국가기록원 제공)

③ 6.25 전쟁 때 헤어진 이산가족들을 만나게 하기 위한 남북 적십자 회담이 열림.

2 이산가족의 슬픔을 해결할 수 있는 방법을 생각하며 이산가족에게 보내는 희망의 쪽지를 써 봅시다.

가족을 그리워하시는 이산가족 분들께

A-2 통일전망대를 다녀와서, 천 년의 역사가 살아 숨 쉬는 국립경주박물관

공부한 날 _____년 _____월 _____일

공부할 문제 기행문의 특성을 알고 통일을 위해 노력해야 할 점을 알아봅시다.

생각틔우기 • 19
기행문의 특성을 알고 낱말 익히기

생각키우기 • 21
통일전망대 여행 계획을 세워 보고 본문 읽기

생각피우기 • 25
북한 관광지 어플 만들기 및 북한 친구에게 남한 여행지 소개하는 편지 쓰기

생각퍼뜨리기 • 27
통일을 기원하는 통일 기원 그림 그리기

생각 틔우기

 기행문이란

1 다음 두 글을 읽고, 공통점과 차이점을 정리하려고 합니다. 공통점의 빈칸에는 알맞은 말을 쓰고, 차이점은 보기에서 찾아 기호를 써 봅시다.

(가) 제주도 주상 절리

이곳의 주상 절리대는 서귀포시 중문동과 대포동의 해안선을 따라 약 2km에 걸쳐 해안 절벽에 수려하게 발달되어 있다. 제주도는 신생대 제4기에 형성된 화산섬으로 주로 현무암질 용암으로 구성되어 있다. 절리는 암석에 발단된 갈라진 면으로 화산암에는 주상 절리와 판상 절리가 발달된다.

(나) 제주도 주상 절리

오늘은 제주도의 숨겨진 비경인 주상 절리대를 보기로 한 날이다. 점심을 먹고 주상 절리대가 있는 중문 관광 단지로 향했다.

차를 타고 가다 보니 바다 냄새가 차창으로 들어와 시원하게 느껴졌다. 길가에는 과수원 방풍림으로 심은 소나무들이 줄을 맞추어 서서 바람에 흥얼거리며 우리를 환영하는 듯하였다.

> **이런 말 이런 뜻**
> **절리:** 갈라진 틈. 암석에서 볼 수 있는 나란한 결.
> **수려하다:** 빼어나게 아름답다.
> **비경:** 경치가 빼어나게 아름다운 곳.
> **방풍림:** 바람을 막기 위하여 가꾼 숲.
> **기행문:** 여행하면서 보고, 듣고, 느끼고, 겪은 것을 자유로운 형식으로 쓴 글.

	(가) 제주도 주상 절리	(나) 제주도 주상 절리
공통점	제주도 절경 중 (　　　　)을(를) 글의 소재로 하여 썼다.	
차이점		

보기
㉠ 글쓴이의 경험 및 여행 중 글쓴이가 느낀 점을 표현하는 데 목적이 있다.
㉡ 제주도의 절경에 관한 지식과 정보를 전달하는 데 목적이 있다.

2 기행문의 주요 구성 요소와 그에 대한 설명을 알맞게 선으로 이어 봅시다.

여정	•	•	글쓴이의 생각과 느낌
견문	•	•	글쓴이가 여행 중 보고 들은 것
감상	•	•	글쓴이가 여행한 곳

Ⓐ 이산가족의 아픔

3 다음은 기행문의 특성에 관한 설명입니다. 맞으면 ◯에, 틀리면 ✕에 ◯ 해 봅시다.

기행문을 이루는 주요 3요소는 여정, 느낌, 감상이다.	◯	✕
기행문은 여행의 기록으로 글쓴이의 체험을 통하여 여행한 장소의 지방색이 드러나 있다.	◯	✕
기행문에서 글쓴이의 독특한 관찰력은 전혀 필요하지 않다.	◯	✕
글쓴이가 여행 중 보고 들은 사실과 함께 글쓴이마다 독특한 느낌과 감상을 찾을 수 있다.	◯	✕

1 다음 낱말의 뜻풀이를 보고, 빈칸에 알맞은 말을 〈보기〉에서 찾아 써 봅시다.

〈보기〉 염   전   북   애   누   통

휴전선 남쪽의 민간인 출입 통제선.	민 [ ] 선
적과 가장 가까운 전방.	최 [ ] 방
온천지의 순수한 우리말.	온 [ ] 리
마음에 간절히 생각하고 기원함.	[ ] 원
슬픔과 기쁨을 아울러 이르는 말.	[ ] 환
북한에서 탈출함.	탈 [ ]

생각 키우기

1 자신이 가족과 함께 통일전망대로 여행을 간다고 생각하고 여행 계획을 세워 봅시다.

	통일전망대
인터넷 등으로 통일전망대에 대한 내용 사전 조사	
통일전망대로 가는 길(여정)	우리 집 출발 ⇒ ⇒ 우리 집 도착
통일전망대에서 볼 수 있는 것(견문)	

'www.tongiltour.co.kr'에서 통일전망대에 대한 다양한 정보를 검색하여 봅시다.

2 다음은 통일에 대한 학생들의 생각을 묻는 설문지입니다. 설문지에 대한 답변을 통해 자신의 통일 의식을 알아봅시다.

1 우리나라의 통일 문제에 대해 어느 정도 관심을 갖고 계십니까?
① 매우 관심이 많다.   ② 약간 관심이 있다.
③ 별로 관심이 없다.   ④ 전혀 관심이 없다.

2 통일 문제에 별로(전혀) 관심이 없다면 그 까닭은 무엇입니까?
① 관심을 가질 여유가 없기 때문에
② 관심을 갖는다 해도 실제 통일에 영향을 미치지 않을 것이기 때문에
③ 통일은 정치하는 어른들이 생각할 문제이기 때문에
④ 생각해 보지 않아서 모르겠다.

3 통일의 필요성에 대해 어떻게 생각하십니까?
① 반드시 이루어져야 한다.   ② 통일 되는 것이 좀 더 낫다.
③ 통일이 안 되는 것이 좀 더 낫다.   ④ 통일이 되어서는 안 된다.

4 수업 시간이나 언론에서 남북문제, 통일 문제가 나오면 다른 문제들에 비해 얼마나 관심을 기울이는 편입니까?
① 매우 관심 깊게 듣는다.   ② 조금 관심을 갖고 듣는 편이다.
③ 대체로 관심을 기울이지 않는 편이다.   ④ 거의 관심을 두지 않는다.

통일전망대를 다녀와서

누구나 한 번쯤은 통일에 대한 생각을 해 보았을 것이다. 통일을 꼭 해야 하는가? 나는 통일에 대한 관심이 없었다. 아니 전혀 통일에 대하여 생각하지 못하였다. 나에게는 가족들과의 행복한 시간, 친구들과의 재미있는 학교생활이 더욱 중요하다고 생각했기 때문이다. 가끔 토요일 아침에 '남북의 창' 프로그램을 호기심으로 보았던 기억이 전부였다.

그러던 어느 날 나는 우연히 조셉 킴이라는 탈북 청년의 강의를 보게 되었다. 아버지는 배고픔에 돌아가셨고, 어머니는 중국으로 돈을 벌기 위해 떠났고, 누나는 어느 날 갑자기 사라져서 16세의 어린 나이에 홀로 탈북을 하였다고 한다. 강연이 끝나자 사회자는 어머니와 누나에게 하고 싶은 말이 무엇인지 물었는데 조셉 킴은 한국어를 하면 자꾸만 눈물이 난다고 말하며 영어로 말하였다. 내가 아무렇지 않게 사용하는 한국어가 누군가에게는 슬프고, 아픈 언어일 수도 있다는 것에 가슴이 아파 왔다.

이렇게 북한과 통일에 대한 관심이 생기면서 나는 가족들과 고성에 위치한 통일전망대에 가게 되었다. 통일전망대는 동해 바다와 금강산이 내려다보이는 최전방에 위치한 곳이다. 나는 통일전망대에서 바라볼 망원경과 사진기를 챙겼고 우리 가족은 강릉을 지나 속초를 지나 한참을 더 가서 드디어 고성에 도착하였다.

제일 먼저 우리 가족은 통일안보공원에 도착하였다. 그곳에서 출입 신고를 마치고 차를 타고 조금 더 이동하여 민통선 검문소에 도착하였다. 군인들이 있어서 긴장이 많이 되었다. 군인들이 차의 트렁크를 열어 보라고 하면서 트렁크까지 확인하는 모습을 보니 내가 정말 북한에 가까이 가고 있다는 것이 실감이 났다. / 차를 주차하고 눈에 바로 보이는 곳에 6.25 전쟁 체험 전시관이 있었다. 6.25 전쟁 체험 전시관은 동족상잔의 비극을 교훈 삼고 민족 화합과 조국의 평화 통일을 염원하기 위해 6.25 전쟁을 체험할 수 있도록 만들어졌다고 한다. 체험관에는 영상 체험실과 사진으로 보는 6.25 전쟁 체험실, 전사자 유해 발굴실, 6.25 전쟁 자료실, 유엔군 참전국실, 기획 전시실 등 다양한 체험을 할 수 있었다. 6.25 전쟁의 참상과 당시 상황을 사진과 영상, 자료와 유물로 확인할 수 있어 실제 내가 6.25 전쟁을 체험한 것같이 생생하였다. 또한 희생당한 많은 사람들과 군인들의 희생정신을 알게 되었다. 하지만 분단의 아픔과 그 당시의 사람들의 고통을 느낄 수 있었고, 전쟁 때문인지 몸이 으스스하였다.

6.25 전쟁 체험 전시관을 관람하고 나서 무려 151개의 계단을 올라서야 통일전망대의 통일관에 도착하였다. 몸은 힘들었지만 빨리 전망대에서 북한의 모습을 보고 싶었기 때문에 하나도 힘들지 않았다. 먼저 1층에 있는 전시실을 관람하였다. 1층 전시실에는 북한 주민들이 사용하는 물건과 음식, 생필품을 전시하여 북한 주민의 생활 모습을 알 수 있었다.

이런 말 이런 뜻
강연: 일정한 주제에 대하여 청중 앞에서 강의 형식으로 말함.
동족상잔: 같은 겨레끼리 서로 싸우고 죽임.
으스스하다: 차거나 싫은 것이 몸에 닿았을 때 크게 소름이 돋는 느낌이 있다.

1 '조셉 킴'이 어머니와 누나에게 하고 싶은 말을 영어로 말하는 장면을 보고, 글쓴이가 마음 아파한 까닭은 무엇인지 써 봅시다.

가장 가 보고 싶었던 통일관 2층으로 발걸음을 옮겼다. 2층 전망대 내부의 북쪽 면은 모두 유리로 만들어져 있어 북한 방향을 바로 볼 수 있었다. 멀리 금강산과 해금강이 한눈에 보였다. 나는 한동안 금강산과 해금강을 바라보면서 아무 말도 할 수 없었다. 많은 생각들이 스쳐 지나갔는데 그중 가장 많이 든 생각은 안쓰러움이었다. 비록 이산가족이나 탈북한 사람은 아니지만 그들의 아픔과 애환이 느껴졌다.

안쓰러움을 간직한 채 우리 가족은 통일관 주변을 구경하기로 하였다. 먼저 통일 기원 범종이 눈에 보였다. 경주에 있는 성덕 대왕 신종처럼 크고 웅장하였다. 이 종은 통일을 기원하는 염원을 모으고 통일 염원의 종소리를 온 누리에 울리고자 1983년 전망대 설립과 함께 세웠다고 한다. 하루빨리 통일이 되어 통일 기원이 아닌 통일 한국의 발전을 염원하는 종소리로 널리 퍼졌으면 좋겠다.

그리고 통일관에서 동해 바다 쪽으로 이동하면 거대한 통일미륵불상과 성모마리아상이 서 있었다. 통일미륵불상은 1988년 설악산 신흥사에서 세운 것으로 높이가 무려 13.6m나 되는 거대한 불상이다. 그 옆에 바로 붙어 있는 성모마리아상은 1986년에 천주교에서 세운 것으로 높이가 10.5m로 통일미륵불과 같이 웅장하게 서 있다. 두 동상 모두 통일을 기원하기 위해 세워진 것으로 그 모습이 마치 이산가족이 가족을 그리워하는 것처럼 보였다.

통일전망대를 모두 관람하고 우리 가족은 집으로 출발했다. 점점 남쪽으로 향하는 차 안에서 여러 감정이 파도처럼 밀려왔다. 그동안 통일에 무관심했던 내가 부끄러웠다. 통일에 무관심했던 많은 사람들이 나처럼 이 부끄러움을 느꼈으면 좋겠다. 선생님께서 이런 말씀을 하신 적이 있다. "부끄러움을 느낀다는 것은 나의 잘못을 안다는 뜻이란다." 나의 잘못을 알면 그것을 고치면 된다. 많은 사람들이 통일에 대해 생각해 보고 통일에 관심을 가졌으면 좋겠다.

이런 말 이런 뜻
안쓰럽다: 손아랫사람이나 약자에게 도움을 받거나 폐를 끼쳤을 때 마음에 미안하고 딱하다.
범종: 절에 매달아 놓고, 대중을 모이게 하거나 시각을 알리기 위하여 치는 종.
웅장하다: 규모 따위가 거대하고 성대하다.

2 이 기행문을 읽고 여정과 견문을 정리한 것입니다. 빈칸에 들어갈 알맞은 말을 써 봅시다.

여정	강원도 고성 ⇒ 통일안보공원 ⇒ (　　　　) ⇒ 통일관 ⇒ (　　　　) ⇒ 통일미륵불상, 성모마리아상
견문	• 민통선에 도착했을 때 자동차 트렁크를 확인하는 군인을 보았다. • (　　　　　　　　　　　　　　　　　　　　　　　) • (　　　　　　　　　　　　　　　　　　　　　　　)

3 글쓴이가 많은 사람들이 부끄러움을 느꼈으면 좋겠다고 한 까닭이 무엇일지 생각하여 써 봅시다.

_____

_____

천 년의 역사가 살아 숨 쉬는 국립경주박물관

김대조

(중간 생략)

신라 역사관을 관람하고 나서 신라 미술관으로 가 보았다. 신라 미술관은 신라의 찬란한 미술 문화를 볼 수 있는 곳이다. 신라 미술관에서는 여러 가지 불상과 경주 감은사지 동서 삼층 석탑에서 발견된 사리갖춤도 만날 수 있었다.

그런데 신라 미술관에서 내 눈에 들어온 유물은 국보나 보물로 지정된 화려한 불상이 아니라, 천 년의 세월을 거슬러 여전히 온화한 미소를 짓고 있는 깨진 기왓장이었다. 비록 지금은 얼굴 한쪽이 깨어져 온전한 얼굴을 볼 수 없지만, 그 속에 숨은 편안하고 따뜻한 미소는 내 마음속에 행복을 느끼게 해 주었다. 그동안 '웃는 기와'로 알고 있던 얼굴 무늬 수막새를 보니 옛 신라 사람들이 친근하게 느껴졌다.

그다음으로 간 곳은 월지관이다. 월지관은 월지 유적에서 발견된 문화재를 전시하여 둔 곳이다. 월지는 문무왕 14년(674년)에 삼국 통일을 기념하기 위하여 궁궐 안에 만든 연못이다. 월지의 출토품들은 실제 신라 왕실에서 사용하던 생활용품으로, 그것을 통하여 신라 사람들은 어떤 그릇으로 밥을 먹었는지, 어떤 장식품을 좋아하였는지, 어떤 기와를 사용하여 집을 지었는지 알 수 있었다.

(중간 생략)

마지막으로 옥외 전시장을 구경하여 보았다. 옥외 전시장에는 실내에 전시하기 어려운 범종, 석탑, 석불, 석등 등 규모가 큰 유물들이 보였다. 특히 성덕 대왕 신종은 넋을 잃고 바라본다는 말이 실감 날 정도로 내 마음을 사로잡았다. 생각보다 어마어마하게 큰 종 앞에 서니 저절로 경건한 마음이 생겨날 정도였다. 성덕 대왕 신종은 원래 봉덕사라는 절에 걸려 있어서 봉덕사종이라고도 하고, '에밀레'라고 운다고 하여 에밀레종이라고도 한다. 마음을 울리는 종소리를 듣고 싶었지만, 지금은 문화재 보호를 위하여 종을 치지 않는다고 한다. 직접 소리를 듣지는 못하였지만, 마음으로나마 영원히 사라지지 않을 종소리를 느낄 수 있었다.

국립경주박물관을 둘러보고 나니 사라진 신라가 아니라 살아 숨 쉬고 있는 신라를 느낄 수 있었다. 책에서 본 유물은 지식으로 머릿속에 남지만, 직접 보고 느낀 유물은 마음속에 감동으로 남는 것 같다. 이번 여행을 다녀와서 신라의 역사와 인물, 유물과 관련된 이야기를 더 찾아보고 싶은 마음이 생겼다.

이런 말 이런 뜻

사리갖춤: 절에서 탑 속에 부처님의 사리를 모시는 용기와 그 속에 담았던 물건을 통틀어 이르는 말.
수막새: 지붕의 수키와 끝에 달린 부분.
옥외: 집 또는 건물의 밖.
석불: 돌부처.
석등: 돌로 네모지게 만든 등.

1 다음은 국립경주박물관의 유물을 설명한 것입니다. 무엇에 대한 설명인지 이 글에서 찾아 써 봅시다.

경주 감은사지 동서 삼층 석탑에서 발견된 유물	
천 년의 세월을 거슬러 여전히 온화한 미소를 짓고 있는 깨진 기왓장	

생각 피우기

내용 정리하기

1 「통일전망대를 다녀와서」를 다시 읽고 다음 표에 알맞은 내용을 써 봅시다.

기행문의 구성 요소인 여정, 견문, 감상의 의미를 다시 확인한 후 기행문의 내용을 정리하여 봅시다.

감상	
기행문을 읽고 느낀 점	

2 「천 년의 역사가 살아 숨 쉬는 국립경주박물관」을 다시 읽고 다음 표에 알맞은 내용을 써 봅시다.

여정	신라 역사관 ⇒ 신라 미술관 ⇒ 월지관 ⇒ 옥외 전시장
견문	
감상	
기행문을 읽고 느낀 점	

생각 피우기

1 '가 보고 싶은 북한 관광지' 어플을 만들려고 합니다. 인터넷 검색을 이용하여 어플에 들어갈 내용을 써 봅시다.

'www.mtkumgang.com'에서 금강산, 백두산, 개성 관광에 대한 정보를 검색해 봅시다.

금강산 관광은 2008년 7월부터 잠정 중단된 상태이므로 홈페이지를 통해서만 여행 코스와 사진을 검색할 수 있습니다.

관광지 이름	㉠ 백두산
추천 경로	
추천 볼거리	
관광지에 대한 이야기	

2 북한에 사는 친구에게 남한에 있는 여행지를 소개해 주려고 합니다. 여행지에서의 견문과 감상이 잘 드러나게 편지 글을 써 봅시다.

북한에 있는 친구에게

안녕? 나는 남한 (   )초등학교 (   )학년 학생 (   )(이)야.

너와 함께 가 보고 싶은 여행 장소는 (   )(이)야. 그 까닭은

통일을 바라는 친구 (   )가

26 독서 · 논술을 부탁해

생각 퍼뜨리기

창의성

1 다음은 이야기가 있는 통일을 기원하는 그림입니다. 자신의 생각을 담아 이야기가 있는 통일 기원 그림을 간단히 그려 봅시다.

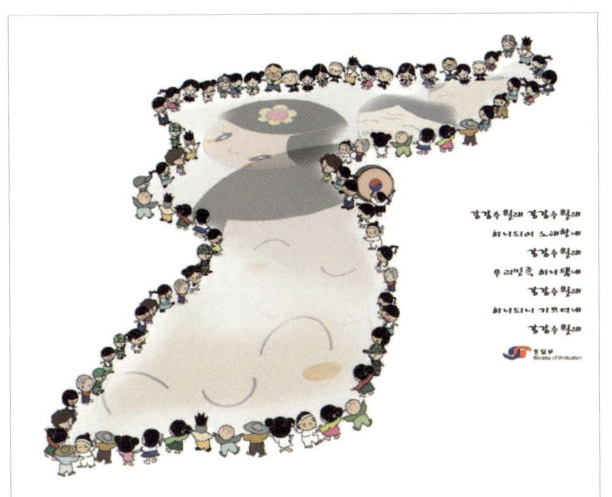

강강수월래 강강수월래
하나 되어 노래하네
강강수월래
우리 민족 하나 됐네
강강수월래
하나 되니 기쁘다네
강강수월래

통일부 제공

한날 한시에 같이 태어난 밤송이같이
우리는 한 형제입니다.
그리고 떼어 놓을 수 없는 핏줄입니다.
하루빨리 통일의 그날이 와
이 밤송이들과 같이
한자리에 모여 살 수 있는
그 그날이 오기를…….

통일부 제공

이야기가 있는 통일 기원 그림

A 이산가족의 아픔

A-3 통일은 필요한가

공부한 날 _____ 년 _____ 월 _____ 일

공부할 문제 '통일은 필요한가'에 대한 자신의 주장을 펼쳐 봅시다.

생각틔우기 • 29
남북 분단 원인을 통해 문제 확인하기

생각키우기 • 31
통일에 관한 두 가지 입장 생각하기

생각피우기 • 34
통일의 필요성에 대한 주장 펼치기

생각퍼뜨리기 • 35
통일 노래 노랫말 만들기

생각 틔우기

1 다음은 남북 분단의 배경과 과정에 관련된 내용입니다. 글을 읽고 물음에 답하여 봅시다.

남북 분단의 배경과 과정

- **미군과 소련군의 한반도 주둔**
  우리나라는 1945년 8월 15일 광복을 맞이하였다. 하지만 미국과 소련은 한반도 내 일본군 무장 해제를 명분으로 북위 38도선 북쪽에는 소련군이, 그 남쪽에는 미군이 주둔하게 하였다.

- **한반도 신탁 통치 실시 결정**
  1945년 12월 모스크바에서는 미국, 영국, 소련의 3상 회의가 열렸다. 이 회의에서 미국과 소련은 각각 남한과 북한을 5년 동안 신탁 통치하기로 합의하였다.

- **신탁 통치 결정에 대한 국민들의 여론 분열**
  신탁 통치 결정 후 국민들 모두 신탁 통치를 반대하였다. 하지만 나중에 공산주의 세력은 신탁 통치를 찬성하였다. 이렇게 신탁 통치 안을 두고 반대와 찬성의 입장이 충돌하면서 국민들의 여론은 심하게 분열되었다.

- **한반도 임시 정부 수립 방법에 대한 미국과 소련의 합의 실패**
  한반도 임시 정부 수립 방법에 대한 합의를 위해 1946년 제1차 미·소 공동 위원회, 1947년 제2차 미·소 공동 위원회를 개최하였지만 미국과 소련이 자신들에게 유리한 방법으로 임시 정부를 구성하려고 하여 합의에 실패하였다.

- **남한과 북한의 단독 정부 수립**
  소련의 반대로 1948년 8월 15일 남한에서만 대한민국 정부가 수립되었고 그 후, 9월 9일에 조선민주주의인민공화국 정권이 수립되었다. 이로써 한반도에는 두 개의 정부가 세워졌다.

- **6·25 전쟁의 발발과 휴전**
  6·25 전쟁은 1950년 6월 25일부터 1953년 7월 27일까지 약 3년간 계속되었다. 휴전에 합의한 이후 현재까지 남과 북은 총부리를 겨누고 있다. 오늘날 전 세계에서 전쟁의 가능성이 가장 높은 지역 중 하나가 한반도이며, 분단의 아픔은 오늘날까지 계속 이어지고 있다.

> 신탁 통치란 아직 혼자 힘으로 국가를 구성할 능력이 없다고 판단되는 민족이나 지역을 유엔의 감독 하에 다른 나라가 대신 통치해 주는 것을 의미합니다.

이런 말 이런 뜻
- **분단:** 동강이 나게 끊어 가름.
- **주둔:** 군대가 임무 수행을 위하여 일정한 곳에 집단적으로 얼마 동안 머무르는 일.
- **여론:** 사회 대중의 공통된 의견.
- **분열:** 집단이나 단체, 사상 따위가 갈라져 나뉨.
- **휴전:** 교전국이 서로 합의하여, 전쟁을 얼마 동안 멈추는 일.

1 남북 분단의 배경과 과정을 정리한 것입니다. 빈칸에 들어갈 알맞은 말을 써 봅시다.

☐ 도선 ⇒ ☐☐ ☐☐ 결정 ⇒ 미·소 공동 위원회 합의 실패 ⇒ 남북한 단독 ☐☐ 수립 ⇒ ☐☐ 전쟁

2 자신이 국민의 입장이 되어 신탁 통치에 대한 생각이나 느낌을 써 봅시다.

_____

생각 틔우기

1 다음 토론 주제에 대한 두 사람의 의견을 읽어 보고, 토론 주제에 대한 자신의 입장을 써 봅시다.

짝꿍과 함께 두 입장을 역할극으로 실감 나게 표현하여 봅시다.

〈오늘의 주제〉
통일은 필요한가

나는 통일이 필요하다고 생각합니다.	나는 통일이 필요하지 않다고 생각합니다.
현재 세계에서 유일하게 분단국가로 남아 있는 곳이 대한민국입니다. 이미 독일과 베트남, 예멘도 통일을 하였습니다. 또한 남한과 북한은 한민족이기 때문에 통일을 해야 합니다. 이산가족들의 아픔과 슬픔을 생각해 보시기 바랍니다. 한 가족이 헤어져 오랫동안 만나지 못하는 고통을 이해해 주시기 바랍니다. 지리적으로도 통일이 된다면 북한의 풍부한 자원과 값싼 노동력으로 통일 한국의 경제는 눈부시게 발전하게 될 것입니다. 그리고 항상 전쟁이 날까 봐 걱정하는 일도 없어질 것이고, 많은 국방비를 절약할 수 있을 것입니다.	독일이 통일 후에 겪은 후유증을 아시나요? 옛 동독은 실업률이 두 배 높고 생활비가 더 비싸지만 임금은 평균 30% 낮으며, 25년 전 통일 당시보다 사회 분열이 나아진 게 없습니다. 결국 통일이 되면 돈이 많이 들어서 경제가 안 좋아질 것입니다. 또한 남북 간에 문화 차이로 갈등이 발생할 것입니다. 북한을 상대로 평화 통일은 불가능한 것 같고, 전쟁은 싫으니 통일을 포기하는 것은 어떨까요? 당장 통일하면 우리가 힘들어지니 나중에 후손들 시대에 통일이 됐으면 좋겠습니다. 통일하려고 하지 말고 서로 신경 쓰지 말고 평화롭게 삽시다.

이런 말 이런 뜻
실업: 일할 의사와 노동력이 있는 사람이 일자리를 잃거나 일할 기회를 얻지 못하는 상태.
분열: 집단이나 단체, 사상 따위가 갈라져 나뉨.
평화 통일: 전쟁에 의하지 아니하고 평화적인 방법으로 이루는 통일.

'통일은 필요한가'라는 주제에 대한 자신의 입장

1 '통일은 필요한가'에 대한 두 입장을 정리하여 봅시다.

	통일은 필요하다.	통일은 필요하지 않다.
까닭		

2 다음은 초중고생 통일 교육 실태 조사 결과를 그래프로 나타낸 것입니다. 그래프를 보고, 빈칸에 알맞은 숫자나 말을 써 봅시다.

1 북한에 대한 인식

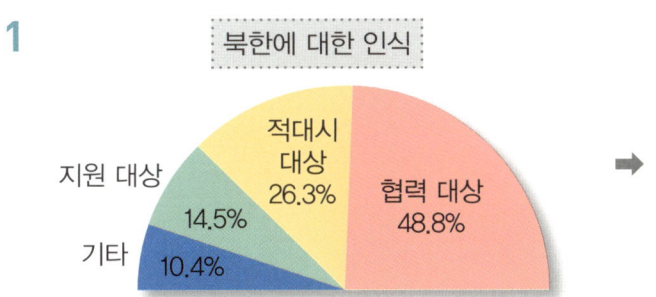

→ 학생 중 (　)% 정도는 북한을 적대시 대상으로 인식하고, (　)% 정도는 북한을 협력 대상으로 인식하고 있다.

2 통일의 필요성

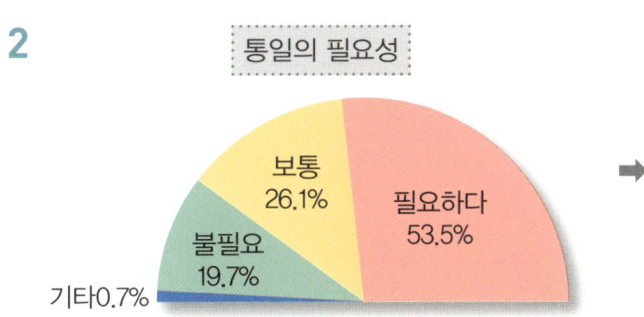

→ 통일이 필요하다고 생각하는 학생은 (　)%이고, 이것은 통일이 불필요하다고 생각하는 학생 (　)%보다 약 (　)배 많다.

3 통일이 불필요한 이유

(2010년 기준, 복수 응답 가능)

- 사회 혼란 가능　47.5%
- 경제적 부담　25.8%
- 공산주의에 대한 거부감　20.0%
- 언어·문화적 차이　15.4%

→ 통일이 불필요하다고 생각하는 이유 중 가장 큰 이유는 (　　)이고, 두 번째로는 (　　)이다.

(출처: 통일부, 교육부, 통일교육협의회)

3 다음은 '통일은 필요한가'에 대한 두 입장을 뒷받침해 주는 근거 자료입니다. 잘 읽고, 통일의 필요성에 대한 자신의 의견과 까닭을 써 봅시다.

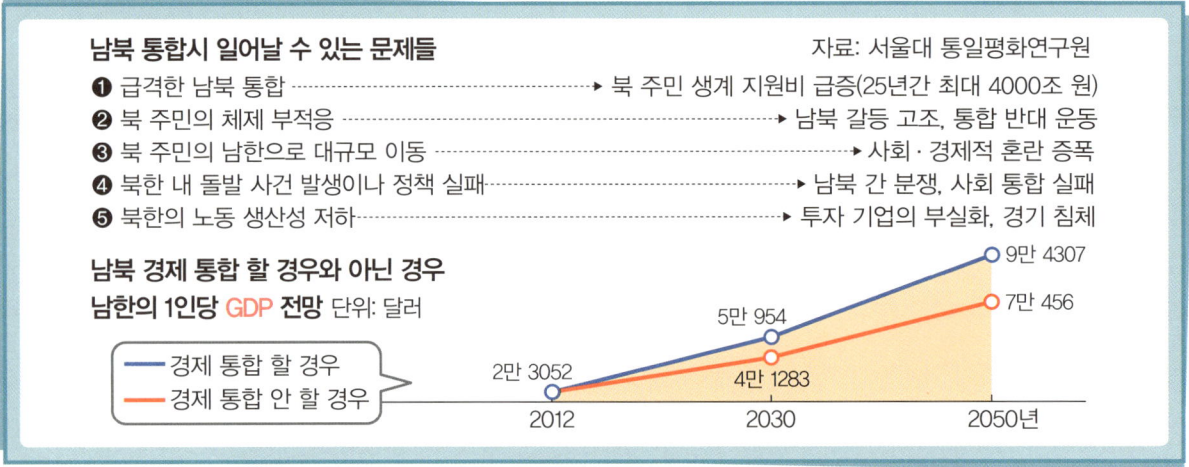

통일은 필요하지 않다.

▶ **통일 비용 부담이 크다.** 통일 이후 10년간 투자해야 할 돈을 통일 비용이라고 하는데, 세계 경제 10위권인 우리나라가 최빈국인 북한과 통일을 한다면 남북 간 수십 배에 달하는 경제적 차이를 좁히기 위해 천문학적인 통일 비용을 쏟아부어야 한다. 남한의 경제도 어려워져 결국 남북 모두 못살게 될 가능성이 크다.

▶ **남북 주민 사이에 갈등 심화** 남한과 북한은 이념과 체제를 달리한 채 60년이 넘게 지내 와 가치관 차이가 크다. 이런 상황에서 통일을 한다면 양쪽 주민들이 심한 갈등을 겪을 수밖에 없다. 독일은 통일 뒤 동서독 주민 사이에 발생한 갈등이 현재까지도 사회적 불안 요소로 남아 국민 통합에 큰 걸림돌이 되고 있다.

통일은 필요하다.

▶ **통일 비용보다 더 큰 통일 편익**
  • 분단 유지 비용의 해소: 남북 분단 및 대치 상황으로 인한 과도한 국방비, 외교비 절감
  • 경제 통합의 편익: 산업 및 생산 요소의 보완적 이용, 국토 이용의 효율화, 중국·러시아 등과의 교역 증대 및 물류비용 절감
  • 인도적 편익: 이산가족 문제의 해결이나 북한 주민의 인권 신장
  • 정치·군사적 편익: 통일 한국의 국제 사회에서의 위상을 높이고 전쟁 위험의 해소
  • 사회·문화적 편익: 학술·문화의 발전 기회 향상, 관광·여가 등의 기회 증대
  ➡ 통일은 어느 정도 비용이 수반되지만 새로운 편익을 창출하며, 통일 편익은 통일 비용과는 비교도 할 수 없을 만큼 크다. 왜냐하면 통일 비용은 유한한 반면 통일 편익은 무한하기 때문이다.

이런 말 이런 뜻
GDP: 국내 총생산.
편익: 편리하고 유익함.
절감: 아끼어 줄임.
유한: 수, 양, 공간, 시간 따위에 일정한 한도나 한계가 있음.
무한: 수, 양, 공간, 시간 따위에 제한이나 한계가 없음.

자신의 의견과 까닭: _____

1 자신의 생각을 개요에 맞게 간단하게 정리하여 봅시다.

개요란, 중요한 내용의 요점을 간추린 것으로 논술의 설계도 역할을 합니다. 서론, 본론, 결론에 간단하게 정리하되 주제에 맞게 자연스럽게 이어지도록 작성합니다.
- 서론: 관련된 이야기, 속담, 명언, 통계 자료, 자신의 경험 등 인상 깊은 내용으로 정리합니다.
- 본론: 자신의 주장과 그 근거를 분명하고 정확하게 표현합니다. 또한 예상되는 상대 의견에 대한 반박거리도 생각해 두는 것이 좋습니다.
- 결론: 서론과 연결 지어 작성하거나 본론의 내용을 요약, 정리하여 끝맺습니다.

제목	
주제문 (☑로 표시)	☐ 통일은 꼭 이루어져야 한다. ☐ 통일은 필요하지 않다.
서론	■ 남북 분단 후 통일을 위한 노력과 갈등 　- 1953년 7월 27일 이래로 남북이 분단됨. 　- 7·4 남북 공동 성명을 시작으로 수많은 만남과 협약을 이룸. 　- 연평 해전과 같은 갈등 또한 주기적으로 일어남.
본론	■ 〈분단국 통일 사례〉에 대한 설명 　_____ 　_____ 　_____ 　_____ ■ 자신의 주장: 통일은 _____ 　• 까닭 1: _____ 　• 까닭 2: _____ 　• 까닭 3: _____
결론	■ 본론 요약 및 강조

Ⓐ 이산가족의 아픔

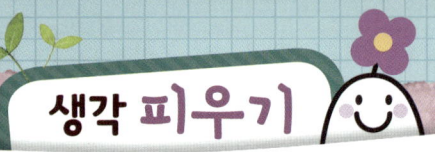

1. 앞에서 작성한 개요를 바탕으로 '통일은 필요한가'에 대한 자신의 생각을 글로 써 봅시다.

고쳐쓰기
초고를 작성하고 나면 다음 내용을 참고하여 고쳐 써 봅시다.
① 주제에 맞는 내용인가?
② 내가 제시한 근거가 타당한가?
③ 각 문단의 길이가 알맞은가?
④ 불필요한 내용이 있지 않은가?
⑤ 부정확한 내용이 있는가?
⑥ 맞춤법에 맞게 썼는가?

제목:

    20○○년, 올해는 우리나라가 광복을 맞이한 지 ○○년이 되는 해이자 1953년 7월 27일 이래로 남북이 분단된 지 ○○년째가 되는 해이다. 7·4 남북 공동 성명을 시작으로 수많은 만남과 협약으로 남북은 계속 가까워졌다. 그러나 연평 해전과 같은 갈등 또한 주기적으로 일어났다. 남한과 북한은 가장 가깝기도 하지만 가장 먼 사이인 것이다.

분단국 통일 사례를 살펴보면,

    나는 통일은 (필요하다, 필요하지 않다)고 생각한다.

그 까닭은 첫째,

    그러므로

생각 퍼뜨리기

1 고쳐쓰기의 과정을 거친 뒤 원고지에 논설문을 써 봅시다.

원고지 사용법
- 제목은 두 번째 줄 중앙에 씁니다.
- 본문은 제목에서 한 줄 띄고 씁니다.
- 문단이 새로 시작되는 경우 한 칸 띄고 씁니다.
- 온점(.)이나 쉼표(,)를 쓴 후 칸을 띄지 않고 바로 씁니다.
- 물음표(?)나 느낌표(!)를 쓴 후 한 칸 띄고 씁니다.

A 이산가족의 아픔

생각 퍼뜨리기

원고지 글쓰기

 **1** 다음은 통일을 기원하는 '우리의 소원' 노래의 악보입니다. 행복한 통일 한국의 밝고 힘찬 미래상을 담아 '통일의 노래' 노랫말을 지어 봅시다.

우리의 소원
안석주 작사, 안병원 작곡의 동요로 1947년 서울중앙방송국 어린이 시간에 발표된 곡입니다. 오늘날 통일을 염원하는 민족적 애창곡으로 널리 불리고 있습니다.

제목 :

(   ) 작사
안병원 작곡

A 이산가족의 아픔

B
두 얼굴의 학교생활

정의는 인간 가치가 같음을 기본으로, 모든 사람을 한 인격체로서 똑같이 평등하게 존중하는 것입니다. 그리고 그런 관점에 기초하여 모든 사람들의 요구를 똑같이 취급하는 것입니다. 다른 사람을 자기와 같은 하나의 존재로 생각하고 자기의 행위를 상대방의 입장에서 생각해 보는 것을 말합니다.

B-1. 오징어 싸움

- **생각틔우기**
  나의 학교생활 알아보고, 관련된 낱말 알기
- **생각키우기**
  사건 짐작해 보며 이야기 읽기
- **생각피우기**
  내용을 구조화하고 친구의 마음을 이해하며 일기 쓰기
- **생각퍼뜨리기**
  즐거운 학교생활을 위한 실천 서약서 만들기

B-2. 바보 공주

- **생각틔우기**
  희곡의 특성을 알고 낱말 익히기
- **생각키우기**
  학교 폭력 사례의 결과를 예측하고 본문 읽기
- **생각피우기**
  친구의 입장이 되어 보고, 친구에게 편지 쓰기
- **생각퍼뜨리기**
  학교 폭력 예방을 위한 학급 규칙 만들기

B-3. 학교 폭력 방관자는 유죄인가

- **생각틔우기**
  '제노비스 신드롬'을 통해 문제 확인하기
- **생각키우기**
  학교 폭력 방관자에 대한 두 가지 입장 생각하기
- **생각피우기**
  학교 폭력 방관자에 대한 주장 펼치기
- **생각퍼뜨리기**
  학교 폭력 예방 사례를 살펴보고 표어 만들기

B-1 오징어 싸움

공부한 날 _____년 _____월 _____일

공부할 문제 「오징어 싸움」을 읽고 즐거운 학교생활을 위해 노력해 봅시다.

생각틔우기 • 41
나의 학교생활 알아보고, 관련된 낱말 알기

생각키우기 • 43
사건 짐작해 보며 이야기 읽기

생각피우기 • 47
내용을 구조화하고 친구의 마음을 이해하며 일기 쓰기

생각퍼뜨리기 • 49
즐거운 학교생활을 위한 실천 서약서 만들기

1 다음은 학교생활과 교우 관계에 대한 질문입니다. 질문에 답을 하며 자신의 학교생활과 교우 관계를 알아봅시다.

1 학교생활에서 가장 큰 즐거움은 무엇입니까?
   ① 급식이 맛있다.　　　　　　　② 공부가 재미있다.
   ③ 선생님이 잘해 주신다.　　　　④ 친구와 노는 것이 재미있다.
   ⑤ 없음.　　　　　　　　　　　⑥ 기타: _____

2 학교생활에서 가장 큰 스트레스는 무엇입니까?
   ① 급식의 질이 낮다.　　　　　　② 친구 관계가 힘들다.
   ③ 선생님이 불친절하다.　　　　 ④ 성적이 잘 나오지 않는다.
   ⑤ 학교 및 학급 규칙이 불합리하다.
   ⑥ 냉난방, 화장실 등 학교 시설이 좋지 않다.
   ⑦ 없다.　　　　　　　　　　　 ⑧ 기타: _____

> **이런 말 이런 뜻**
> **불합리:** 이론이나 이치에 합당하지 아니함.

3 영화표를 우연히 얻게 되었을 때 학급 친구 중 누구와 함께 가고 싶은지 순서대로 써 봅시다. 또 그 까닭도 써 봅시다.
   ① (　　　　), ② (　　　　), ③ (　　　　)
   까닭: _____

4 자기가 소외된다는 느낌을 받은 적이 있습니까? 있다면 그 까닭은 무엇인지 써 봅시다.
   ① 예 (　　　), ② 아니오 (　　　)
   까닭: _____

2 자신에게 학교는 어떤 의미를 가지고 있는지, 그 까닭은 무엇인지 써 봅시다.

나에게 학교는 (　　　　　　　　　　　　　　)이다.
그 까닭은

생각 틔우기

낱말 익히기

1 다음 낱말 뜻에 해당하는 낱말을 보기 에서 찾아 빈칸에 써 봅시다.

보기
토론   협의   존중   화합   협동   중재

여러 사람이 모여 서로 의논함.

서로 마음과 힘을 하나로 합함.

높이어 귀중하게 대함.

어떤 문제에 대하여 여러 사람이 각각 의견을 말하며 논의함.

화목하게 어울림.

분쟁에 끼어들어 쌍방을 화해시킴.

2 1 에서 답한 낱말을 3가지 이상 사용하여 '즐거운 학교생활 만들기'에 대한 자신의 생각을 써 봅시다.

_____

_____

생각 키우기

1 다음 그림을 보고, 물음에 답하여 봅시다.

1 다음 토론 주제에 대한 자신의 생각에 ○ 하고, 그 까닭을 써 봅시다.

> 축구는 남학생만 할 것인가? VS 여학생도 같이 할 것인가?

축구는 (남학생만, 여학생도) 참여해야 한다고 생각한다.

그 까닭은 _____

_____

_____

_____

💬 토론 주제에 대한 자신의 생각을 적절한 근거와 함께 써 봅시다.

2 만약 남학생과 여학생이 함께 축구를 한다면 어떤 특별 규칙이 필요할지 까닭과 함께 써 봅시다.

특별 규칙	
까닭	

B 두 얼굴의 학교생활

오징어 싸움

김상규

오늘은 체육 시간에 좀 색다른 걸 할 거라는 담임 선생님의 이야기를 들었지만, 아이들은 별 기대를 하지 않았습니다. 초등학교를 시작하면서 새로운 것들을 많이 배웠지만, 체육 시간에는 큰 공, 작은 공 등 공이 바뀌는 경우든지 육상 경기 정도이지 특별히 바뀔 것이 없다고 생각했습니다. 도현이도 그렇게 생각했습니다. 게다가 오늘 아침부터 엄마랑 싸우고 나왔기 때문에 체육에 별로 흥미도 없고, 대충 하다가 그늘에서 쉴까 생각하는 중이었습니다.

"자, 전부 다 나왔나?"

호랑이 담임 선생님이 구령대에 올랐습니다. 아이들이 일순간 조용해졌습니다. 담임 선생님은 체육 시간만 되면 유독 신납니다. 땀 흘리며 뛰는 것을 좋아하는 남자 담임 선생님. 그러나 아이들은 휴대 전화나 컴퓨터로 게임하는 것을 좋아하지 운동장에 나와서 뛰는 것은 싫어합니다.

"자, 오늘은 너희들을 위해서 새로운 게임을 알려 주마."

아이들은 주변을 두리번거렸습니다. 주변에 게임기가 보이지 않았기 때문입니다.

"뭘 두리번거리나! 게임을 게임기로만 하는 줄 아는 모양인데, 오늘은 운동장에서 몸으로 게임을 한다."

아이들 눈이 동그랗게 됩니다. 축구를 하려나 보다 생각합니다.

"공 갖고 하는 것도 아니다. 순전히 몸으로 한다. 자, 저쪽을 보아라. 하하하, 선생님이 직접 그려 놓은 오징어다!"

귀신입니다. 아이들 마음을 쏙쏙 들여다봅니다.

선생님은 호기롭게 오징어 그림을 손으로 가리킵니다. 그러나 아이들 눈에는 동그라미, 세모, 네모 등이 크고 작게 그려진 것밖에 안 보입니다.

> **이런 말 이런 뜻**
> **색다르다:** 동일한 종류에 속하는 보통의 것과 다른 특색이 있다.
> **일순간:** 아주 짧은 시간.
> **유독:** 많은 것 가운데 홀로 두드러지게.

1 도현이는 학교에 오기 전에 엄마랑 무슨 일이 있었을지 상상하여 써 봅시다.

_____

_____

"저것이 오늘 너희들을 광분하게 할 오징어다. 처음 보는 거지? 이 게임을 한번 해 보면 그 맛에 푹 빠질 것이다. 내가 장담한다. 장담해."

반 아이들은 네 팀으로 나뉘고 먼저 두 팀이 시합을 합니다. 도현이는 나중에 하는 팀이라서 그늘에 앉아 게임은 보는 둥 마는 둥 하며 오늘 엄마랑 싸운 것을 생각해 보았습니다. 도현이는 하루도 빠지지 않고 학원에 가는 것이 아주 힘듭니다. 그래서 학원 하나쯤 끊자고 이야기했다가 엄마에게 혼이 났던 것입니다.

다, 너를 위해 그런 것이다. 가난한 집 아이들은 가고 싶어도 못 간다. 네가 배가 부르구나. 엄마, 아빠가 절약하고 절약해서 보내는 걸 고맙게 생각해야지, 안 가겠다고 하다니, 도대체 정신이 있는 아이냐, 없는 아이냐.

엄마가 늘 하는 레퍼토리입니다. 도현이는 듣다가 화가 나서 엄마에게 학원에 안 갈 거라고 소리를 지르고 나왔습니다.

"자, 다음 팀 나와."

담임 선생님이 도현이네 팀을 불렀습니다. 도현이네가 공격입니다. 도현이도 깨금발로 오징어 목을 넘기 위해 두 발 딛는 부분에 도달했습니다. 평소 마음에 안 들던 준경이가 수비입니다.

"오호, 넘어오게? 손 줘 봐, 손 줘 봐."

하면서 준경이가 도현이를 잡으려고 합니다. 도현이가 피합니다. 준경이가 또 당기려고 합니다. 도현이는 준경이를 피하다가 살짝 금을 밟는 듯했습니다. 그것을 본 준경이가 힘을 뺍니다. 그 기회를 놓치지 않고 도현이는 오징어 목을 넘어서 반대로 갔습니다. 같은 팀 아이들이 박수를 칩니다.

"도현아, 빨리 빨리 달려서 꽁지에서 머리로 뛰어!"

응원하는 목소리가 들립니다. 도현이는 꽁지 쪽으로 마구 뜁니다.

그때 준경이가 소리칩니다.

"야, 야, 금 밟았잖아."

"안 밟았어."

도현이는 꽁지에 도착했습니다. 이제 몸통을 지나 머리로 가야 합니다.

이런 말 이런 뜻
광분하다: 어떤 목적을 이루기 위하여 미친 듯이 날뛰다.
장담하다: 확신을 가지고 아주 자신 있게 말하다.
레퍼토리: 들려줄 수 있는 이야깃거리나 보여 줄 수 있는 장기.
깨금발: 한 발을 들고 한 발로 섬.

2 준경이가 도현이를 잡으려다가 힘을 뺀 까닭은 무엇일지 써 봅시다.

_____

_____

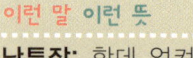

　　　　도현이가 오징어 몸통을 달립니다. 준경이가 막아섭니다. 도현이가 준경이를 밉니다. 준경이가 도현이의 팔을 잡습니다. 도현이가 준경이의 팔을 세차게 뿌리치다 그만 준경이 턱을 손으로 쳤습니다.
　　　"악!"
　　　준경이가 소리칩니다. 그러더니 잠깐 멈칫하는 도현이의 등을 주먹으로 때립니다.
　　　"악!"
　　　도현이도 소리칩니다. 안 그래도 화가 났는데, 게임을 하다가 맞으니 더 화가 납니다. 도현이가 준경이에게 달려듭니다. 둘은 서로 엉켜 바닥에 뒹굽니다.
　　　"삑! 삑삑!"
　　　담임 선생님이 호루라기를 불면서 달려옵니다. 친구들이 뜯어말렸지만 금세 난투장이 되고 말았습니다.
　　　"뭐야?"
　　　"도현이가 먼저 때렸어요."
　　　씩씩거리며 준경이가 말합니다.
　　　"때린 거 아니야. 네가 잡으니까 뿌리친 거야. 때린 건 네가 먼저잖아. 내 등 때렸잖아."
　　　도현이도 지지 않습니다.
　　　"네가 먼저 때렸잖아. 그리고 아까 금 밟았는데 두 발로 달려왔잖아! 넌 맞아도 싸."
　　　준경이가 분을 참지 못하고 말합니다. 게임의 규칙을 지키지 않았다는 것이죠.
　　　"안 밟았어!"
　　　도현이가 준경이에게 덤벼들 듯이 소리칩니다. 친구들이 둘 다 붙잡고 말리느라 무척 애를 먹습니다.
　　　"삑삑삑!"
　　　담임 선생님이 호루라기를 한 번 더 크게 붑니다.
　　　"둘 다 조용히 해. 누가 잘하고 잘못했는지 따져 볼 테니까. 자, 다들 모여 봐라."
　　　선생님이 반 아이들을 모두 모이게 했습니다. 즐거운 체육 시간이 누구의 잘못인지 따져 보는 학급 회의 시간으로 바뀌고 있습니다.

이런 말 이런 뜻
난투장: 한데 엉켜 치고받으며 어지러이 싸우는 장소.

3 준경이는 도현이가 오징어 몸통을 달린 행동에 대해 어떻게 생각하는지 써 봅시다.

_____

_____

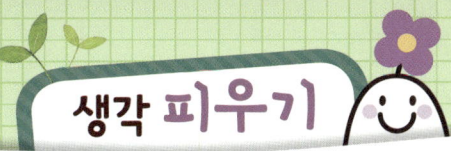

1 다음은 「오징어 싸움」의 내용입니다. 다음을 보고, 물음에 답하여 봅시다.

| ① 준경이와 도현이가 싸움. | ② 담임 선생님이 체육 시간에 오징어 게임을 한다고 함. | ③ 선생님이 아이들을 모아 누구의 잘못인지 따져 보려 함. | ④ _____ |

1 이야기의 순서에 맞게 번호를 써 봅시다.

☐ → ☐ → ☐ → ④

2 뒷이야기를 상상하여 ④에 써 봅시다.

2 학교나 사회에서는 회의를 통해 의견을 하나로 모을 수 있습니다. 만약 다음과 같은 상황에서 다른 사람의 의견을 충분히 듣지 않고 한두 명의 의견으로 결정된다면 어떤 일이 일어날지 상상하여 써 봅시다.

상황	일어날 일
선거를 할 때 국민 투표를 하지 않고 소수의 사람들만 투표를 하여 대통령이나 국회 의원을 뽑는 경우	
여행 장소, 가족 외식을 정할 때 부모님이 가족 구성원들의 의견을 듣지 않고 결정하는 경우	

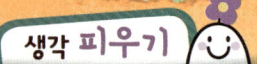

1. 학급에서 따돌림을 당하고 있는 친구의 마음이 어떠할지 생각하고, 그 친구의 입장이 되어 일기를 써 봅시다.

제목: (   )

　오늘은 기다리고 기다리던 현장 체험 학습을 가는 날이었다. 하지만 이번 현장 체험 학습은 즐겁지 않았다. 왜냐하면

　친구들과 함께 맛있는 도시락도 먹고 즐겁게 놀고 싶었는데…….

　친구들은 왜 나를 싫어할까? 내일 학교 가기가 싫다.

2. 행복하고 즐거운 학교를 만들려면 따돌림을 당하고 있는 친구를 보았을 때 어떻게 해야 할까요? 따돌림을 당하는 친구를 도울 수 있는 방법을 생각하며 일기를 써 봅시다.

제목: (   )

　화장실에서 친구들이 우리 반 친구인 ○○에게 장난을 치고 있는 모습을 보았다. '장난이 너무 심하잖아.'라는 생각이 들었지만 어떻게 해야 할지 몰라서 고민만 하고 있었다.

　오늘은 정말 뿌듯하고 즐거운 날이었다.

생각 퍼뜨리기

일반화

1 행복하고 즐거운 학교생활을 만들기 위해 우리가 실천할 수 있는 실천 서약서를 만들어 봅시다.

행복하고 즐거운 학교생활을 위한 실천 서약서
– '고운 말씨', '바른 예의', '따뜻한 소통'을 위한 약속 –

첫째, 나 (　　　　　)은(는) 항상 친구들에게 바르고 고운 말을 사용하겠습니다.

둘째, 나 (　　　　　)은(는) 도움이 필요한 친구가 있으면 먼저 도와주겠습니다.

셋째, 나 (　　　　　)은(는) 내가 맡은 일을 책임감을 가지고 성실히 해 내겠습니다.

넷째, 나 (　　　　　)은(는)

다섯째, 나 (　　　　　)은(는)

여섯째, 나 (　　　　　)은(는)

20   년   월   일

____학년 ____반 ____번 이름: _____ (서명)

B-2 바보 공주

공부한 날 _____년 _____월 _____일

공부할 문제 희곡의 특성을 알고 학교 폭력의 의미와 내용을 알아봅시다.

생각틔우기 • 51
희곡의 특성을 알고 낱말 익히기

생각키우기 • 54
학교 폭력 사례의 결과를 예측하고 본문 읽기

생각피우기 • 58
친구의 입장이 되어 보고, 친구에게 편지 쓰기

생각퍼뜨리기 • 59
학교 폭력 예방을 위한 학급 규칙 만들기

교육부 제공

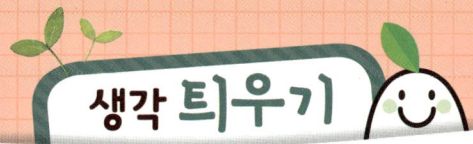

희곡이란

1 보기의 낱말들을 빙고 판에 자유롭게 쓰고, 짝과 함께 빙고 게임을 하여 봅시다.

> **보기**
> 희곡, 해설, 대사, 지문, 연극, 로미오와 줄리엣, 셰익스피어, 연기,
> 배우, 상상으로 꾸며 쓴 이야기, 등장인물, 시간적 배경, 공간적 배경,
> 막과 장, 비극, 희극, 무대

2 희곡의 구성 요소와 그에 대한 설명을 알맞게 선으로 이어 봅시다.

해설	•	•	무대 장치, 등장인물, 시간적·공간적 배경 등을 설명하는 글
대사	•	•	등장인물의 행동, 표정, 심리 등을 지시하고 설명하는 글
지문	•	•	등장인물이 하는 말

이런 말 이런 뜻
막과 장: 연극의 단락을 세는 단위. 한 막은 무대의 막이 올랐다가 다시 내릴 때까지로 하위 단위인 장으로 구성된다.
상연: 연극 따위를 무대에서 하여 관객에게 보이는 일.
시점: 시간의 흐름 가운데 어느 한 순간.

> 🌱 **희곡의 특징**
> • 무대 상연을 목적으로 쓰인다.
> • 항상 현재의 시점으로 서술한다.
> • 막과 장으로 구분된다.
> • 작품 첫머리에 때, 곳, 나오는 사람을 미리 소개한다.
> • 대화를 표현 방법으로 한다.
> • 지문과 대사로 표현된다.

B 두 얼굴의 학교생활

생각 틔우기

희곡이란

3 다음 이야기를 희곡으로 바꾸어 쓰려고 합니다. 빈칸에 알맞은 내용을 써 봅시다.

> 새 학년이 시작되는 날 교실 앞에서 슬지, 종민, 선우가 만났습니다. 선우가 반가워하며 말하였습니다.
> "안녕! 처음 보는 친구인 것 같은데……." / 종민이도 반가워하며 말하였습니다.
> "전학 왔구나! 우리 반이 된 걸 환영해."
> 슬지는 선우와 종민이를 바라보며 말하였습니다.
> "고마워. 우린 아주 좋은 친구가 될 수 있을 것 같아."
> 선우가 대답하였습니다. / "나도 그렇게 생각해."

↓

- 때: 새 학년이 시작되는 날   • 곳: 교실 앞
- 나오는 사람: 슬지, 종민, 선우

  교실 앞에서 슬지, 종민, 선우가 만난다.
선우: (   ) 안녕! 처음 보는 친구인 것 같은데…….
종민: (마찬가지로 반가워하며) 전학 왔구나! 우리 반이 된 걸 환영해.

슬지: _____
(   ): 나도 그렇게 생각해.

4 다음 희곡을 이야기로 바꾸어 써 봅시다.

> 시진: (명령하는 목소리로) 야! 내 우유 좀 갖다줘!
> 대영: (비꼬는 듯한 목소리로) 내 것도!
> 모연: (말을 더듬으며) 이젠 너희들 우유는 너희들이 가져가…….(목소리가 작아진다.)
> 시진: (주먹을 불끈 쥐며) 뭐라고? 너 죽고 싶어! 이걸 그냥 확!
> 시진이와 대영이가 모연이를 툭툭 치다가 시진이가 모연이의 배를 주먹으로 치고 간다. 모연이는 배가 아파 바닥으로 쓰러지며 눈물을 흘린다.

↓

1 집단 따돌림과 학교 폭력에 관련된 가로세로 퍼즐을 완성하여 봅시다.

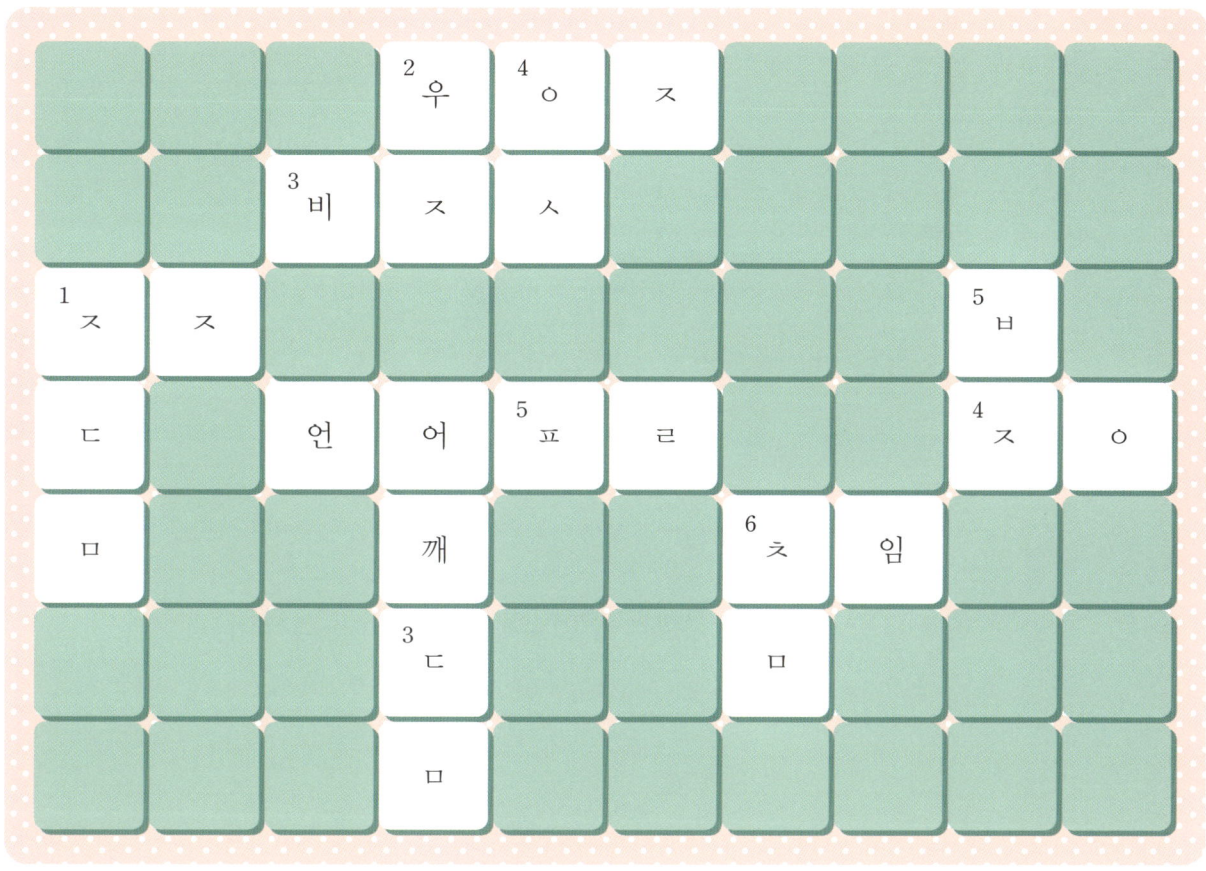

가로
1. 모든 사람은 마땅히 □□ 받아야 한다.
2. 집단 따돌림을 받은 사람은 □□□을 겪고 학교를 자퇴하기도 한다.
3. 집단 따돌림은 □□□적인 성장 과정이다.
4. 죄를 지은 사람을 □□이라고 부른다.
5. 집단 따돌림은 □□이며 큰 상처를 준다.
6. 집단 따돌림을 선생님이나 어른에게 말하는 것은 우리 반을 지켜야 할 우리의 □□이다.

세로
1. 사람이나 사물을 높여서 이르는 말을 □□□이라고 한다.
2. 친구 사이의 정을 □□이라고 한다.
3. 늘 친하게 어울리는 사람을 뜻하며, 함께 어깨□□를 하고 걷는다.
4. 기분이 안 좋을 때 □□을 짓는다.
5. 집단 따돌림은 □□이다. 경찰서에 잡혀가는 경우도 있다.
6. 잘못을 꾸짖거나 나무라며 못마땅하게 여기는 것으로 친구들 간에는 서로 □□하지 말아야 한다.

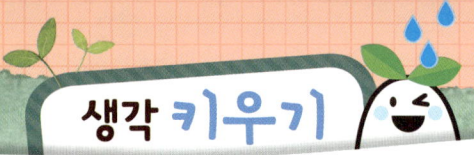

1 다음 사례를 읽고, 물음에 답하여 봅시다.

사례 1

> '강한척'은 '왕소심'에게 1년 동안 숙제를 대신 시키거나, '왕소심'이 왕따라고 학교에 소문을 냈을 뿐만 아니라 아무런 이유 없이 폭행하는 등 '왕소심'을 지속적으로 괴롭혀 왔다.

1 '왕소심'은 어떻게 되었을지 써 봅시다.

---

2 '왕소심'을 괴롭혔던 '강한척'은 어떻게 되었을지 써 봅시다.

사례 2

> '나몰라'는 같은 반 친구인 '왕소심'에게 돈을 빌려 달라고 했다. '왕소심'은 몇 번 돈을 빌려주었으나 '나몰라'는 돈을 갚지 않았다. 또 '나몰라'는 자신이 아는 선배들에게 '왕소심'이 돈이 많은데도 잘 빌려주지 않는다고 이야기했고, 이 때문에 '왕소심'은 선배들로부터 협박을 당하게 되었다.

1 '왕소심'은 어떻게 되었을지 써 봅시다.

---

2 '왕소심'을 괴롭혔던 '나몰라'는 어떻게 되었을지 써 봅시다.

바보 공주

- 때: 5학년 2학기
- 곳: 5학년 1반 교실
- 나오는 인물: 수경, 기환, 수민, 재련, 필규, 담임 선생님, 수경이 어머니

1장. 전학생

막이 열리면 5학년 1반 교실에서는 방학이 끝나고 오랜만에 만난 친구들이 서로 왁자지껄 이야기를 하고 있다. 잠시 후 담임 선생님이 여자아이의 휠체어를 밀면서 교실로 들어온다.

선생님: (밝게 웃으며) 여러분, 우리 5학년 1반으로 전학 온 공수경 친구입니다. 잘 부탁해요. 수경아, 간단히 자기소개 부탁할게.

수경: (환하게 웃으며) 얘들아, 안녕. 나는 충남 공주에서 전학 온 공수경이라고 해. 친하게 지내자. (반갑게 손을 흔든다.)

아이들: (수군거리며) 걷지를 못 하나 봐. 장애인이네. 불쌍하다…….

선생님: (종을 치면서) 조용! 수경이는 저기 필규 옆자리에 앉으렴.

수경이가 자리에 앉자 아이들은 키득거리며 필규를 바라본다. 필규는 얼굴이 빨개진다.

2장. 수경이 바보 공주 되다

쉬는 시간에 아이들이 모여 수군거리고 있다.

기환: (수경이를 손가락으로 살며시 가리키며) 얘들아, 새로 전학 온 아이, 애자야! 장애자!

재련: (깔깔거리며) 필규야, 너 좋겠다. 필규랑 잘 어울리지 않니?

필규: (크게 화를 내며) 뭐가 잘 어울려? 아, 짜증 나!

기환: (곰곰이 생각하다가 손뼉을 치며) 수경이가 공주에서 전학 왔으니깐 오늘부터 바보 공주라고 부르자! 어때?

필규: (머뭇거리면서 마지못해하며) 음……, 그래…….

> **이런 말 이런 뜻**
> **왁자지껄:** 여럿이 정신이 어지럽도록 시끄럽게 떠들고 지껄이는 소리. 또는 그 모양.

1 아이들이 수경이를 바보 공주라고 부르기로 한 까닭은 무엇인지 써 봅시다.

2 여러분이 필규라면 어떻게 행동했을지 써 봅시다.

3장. 다음 날 교실

중간막이 내려오면서 불이 꺼졌다가 켜지면 필규와 수경이가 책상에 앉아 있고 쉬는 시간에 아이들이 수경이 주변으로 모인다.

기환: (수경이의 책상 위에 있던 우유를 일부러 바닥으로 떨어뜨리며) 앗! 미안해. (주워 주지 않고 그냥 지나친다.)

수경: (당황하며) 얘들아, 우유 좀 책상 위로 주워 줄래?

수민: (비꼬듯이) 우유 하나도 줍지 못하니? 그런 몸으로 어떻게 학교에 다닌데!

수경이는 아무런 말없이 눈물을 흘린다.

필규: (화난 목소리로 책상을 밀치며) 너희들! 지금 너무하는 거 아니야! 몸이 불편한 친구한테 더 잘해 주지는 못하고 괴롭히다니……. (목소리가 점점 작아진다.)

기환: (어이없다는 표정으로) 아, 나 진짜 이게! 야, 이리 와! 이리 와! 너, 맞고 싶어? 빨리 와!

필규: (목소리가 작아지면서) 싫어…….

기환: (두 팔을 걷으며) 이게 말로 해선 안 되겠네…….

재련: (화내며) 너, 진짜 맞고 싶어? 빨리 와!

기환: (필규를 때린다.) 한주먹 거리도 안 되는 게 죽으려고!

재련: (비꼬듯이) 바보 공주랑 잘 사귀세요! (웃으며 기환과 교실 밖으로 나간다.)

수경: (걱정하며) 필규야, 괜찮아?

필규: (교실 밖으로 뛰쳐나가며) 됐어! 나한테 말도 걸지 마!

수경: 미안해…….

4장. 바보 공주 수경, 바보 왕자 필규

쉬는 시간, 아이들이 모여 이야기를 하고 있다. 재미있는 일이 있는지 수경이와 필규를 바라보면서 웃는다.

수민: (필규를 바라보고 웃으며) 너, 오늘부터 바보 왕자다! 바보 공주! 바보 왕자! 잘 어울리네!

아이들이 함께 웃으며 교실 밖으로 나간다.

수경: (눈물을 글썽거리며) 필규야, 미안해. 나 때문에 너도…….

필규: (원망하는 표정으로) 다 너 때문이야! 너만 전학 오지 않았더라면 이런 일도 없었을 거야!

3 필규가 수경이를 원망하는 까닭은 무엇인지 써 봅시다.

___

5장. 바보 공주가 아파요

다음 날 교실에 수경이가 보이지 않는다. 선생님이 교실로 들어오신다.

선생님: (걱정스러운 표정을 하며) 수경이가 많이 아파서 학교에 나오지 못하고 있단다. 워낙 몸이 약한 친구였는데 학교에 전학 온 후로 더욱 건강이 안 좋아졌다고 하네. 정말 걱정이다. 우리 반 친구들이 간절히 기도해 주었으면 좋겠구나.

선생님의 말씀이 끝나고 필규는 수경이의 빈자리를 멍하니 쳐다본다.
기환, 재련, 수민이가 모여서 이야기하고 있다.

필규: (아이들을 바라보며) 너희들 때문에 수경이가 많이 아프잖아! 휠체어를 타고 다닌다고 바보 공주라고 부르고……. 너무한 거 아냐?

아이들은 어쩔 줄 몰라 하며 흩어진다. 필규는 평소에 수경이를 원망하고 상처를 주는 말을 한 것을 후회하며 자리에 엎드려 울음을 터트린다.

6장. 바보 공주야 미안해

며칠이 지나도 수경이는 학교에 오지 못하고 있다. 수경이 대신에 수경이 어머니가 교실로 들어오신다.

수경이 어머니: (눈물을 글썽거리며) 수경이는 빨리 건강해져서 친구들을 보고 싶어 해요. 수경이는 여러분과 달리 걷지를 못 하고 휠체어를 타고 다녀서 친구들에게 불편을 주는 것 같아 항상 미안해하고 있었어요.

아이들 웅성거린다.

수경이 어머니: (손수건으로 눈물을 닦으시며) 사실, 수경이가 5개월 된 아기였을 때, 차가 전복되는 교통사고를 당했어요. 그때 안전벨트를 풀지 않았더라면……. (한참을 말씀을 못 하고 계시다가) 그 사고로 걷지를 못 했어요. 세상에 태어나서 한 번도 제대로 걸어 보지 못한 거예요. 하지만 수경이는 항상 밝은 얼굴로 이 세상에 태어나게 해 줘서 고맙다고 말하고 친구들이 너무나 좋다고 말해요……. (눈물을 흘리신다.)

아이들 서로 쳐다보다 고개를 숙인다. 필규는 수경이 생각에 다시 한번 눈물을 터트리고 만다. 온 교실이 눈물바다가 된다.

이런 말 이런 뜻
전복: 차나 배 따위가 뒤집힘.

4 수경이가 아픈 까닭은 무엇일지 써 봅시다.

생각 피우기

1 「바보 공주」의 내용을 생각하며 물음에 답하여 봅시다.

1 다음 인물들의 말과 행동을 통해 인물의 성격을 파악하여 써 봅시다.

인물	성격
기환, 재련, 수민	
필규	
수경	

2 친구들은 수경이를 무시하고 괴롭히면서 '바보 공주'라고 불렀습니다. 수경이가 들으면 좋아할 만한 별명을 짓고, 그렇게 지은 까닭을 써 봅시다.

별명	까닭

2 「바보 공주」 뒤에 이어질 이야기를 희곡의 형식에 맞게 상상하여 써 봅시다.

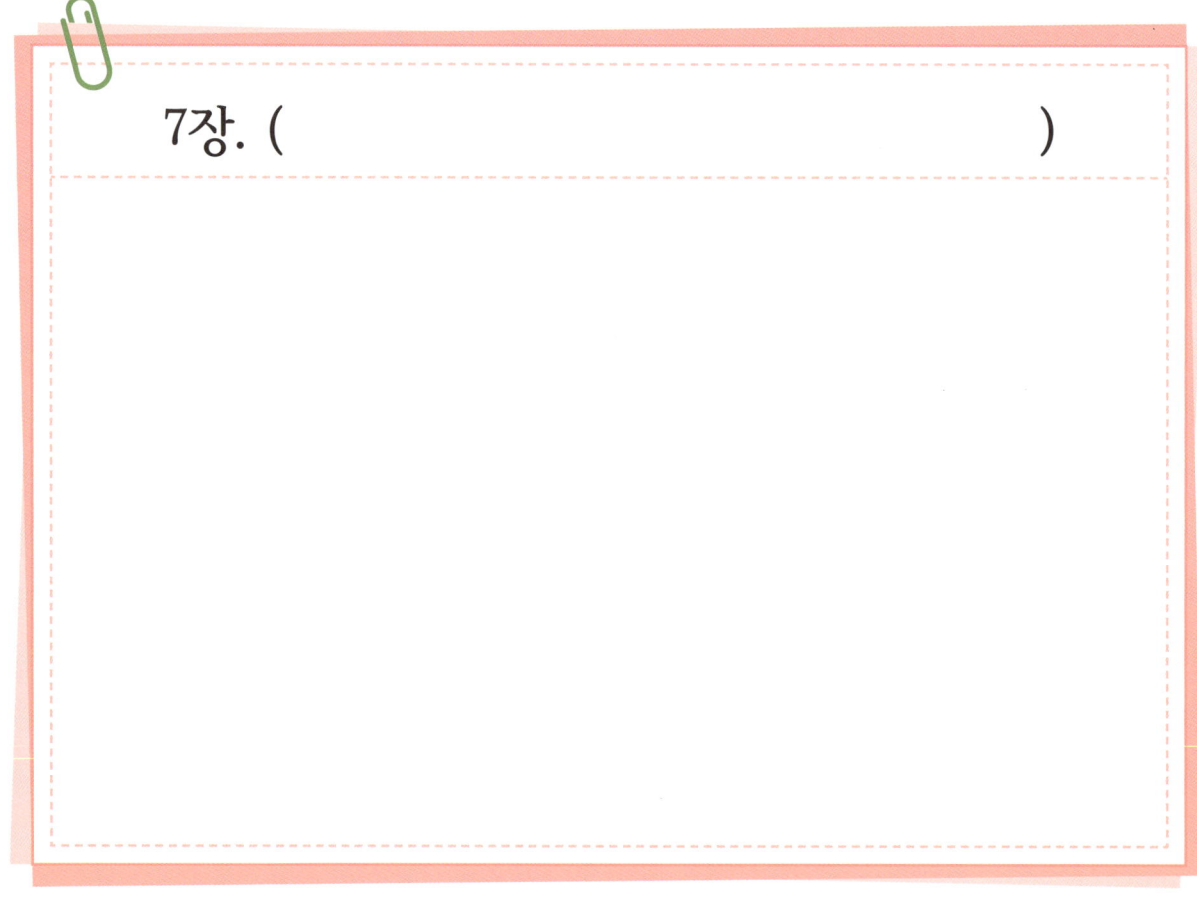

희곡의 구성 요소인 해설, 대사, 지문의 의미를 다시 확인한 후 희곡을 써 봅시다.

7장. (   )

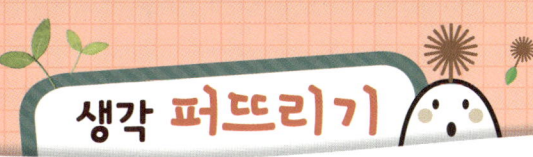

1 다음 친구의 이야기를 읽고 만약 자신이 어느 날 갑자기 교통사고를 당해서 휠체어를 타게 된다면 어떤 기분일지 써 봅시다.

안녕? 나는 ○○이야. 나는 너희들과 친하게 지내고 싶어. 나는 우리 모두가 이 세상에 태어난 나름의 이유가 있다고 생각해. 네가 너의 모습대로 태어난 이유가 있듯이, 나도 내 모습대로 태어난 이유가 분명 있을 거야. 모두 나름의 이유를 가지고 이렇게 사는 건데, 왜 우리는 친한 친구가 될 수 없는 거니?

---

2 다음은 학교 폭력 및 집단 따돌림을 예방하기 위한 학급 규칙입니다. 학급 규칙에 대한 자신의 생각으로 알맞은 곳에 ○ 해 봅시다.

우리 반을 위한 학급 규칙!	필요성		
	매우	보통	필요 없음
집단 따돌림이 발생할 경우에 반 전체가 같이 반성하고 책임을 진다.			
친구의 외모, 성격, 이름과 같이 타고나거나 바꿀 수 없는 부분에 대해 놀리지 않는다.			
친구에 대해 확인되지 않은 사실이나 의견은 퍼트리지 않는다(온라인 포함).			
친하지 않은 친구가 급식 혹은 체육 시간에 앞줄에 선다고 바꾸거나 옮기라고 하지 않는다.			

3 **2**의 규칙 외에 학교 폭력 및 집단 따돌림이 없는 우리 반을 만들기 위해 필요한 학급 규칙을 써 봅시다.

1. 어떤 이유에서든지 폭력과 협박을 사용하지 않습니다.
2.
3.

B-3 학교 폭력 방관자는 유죄인가

공부한 날 _____년 _____월 _____일

공부할 문제 '학교 폭력 방관자는 유죄인가'에 대한 자신의 주장을 펼쳐 봅시다.

생각틔우기 • 61
'제노비스 신드롬'을 통해 문제 확인하기

생각키우기 • 63
학교 폭력 방관자에 대한 두 가지 입장 생각하기

생각피우기 • 66
학교 폭력 방관자에 대한 주장 펼치기

생각퍼뜨리기 • 68
학교 폭력 예방 사례를 살펴보고 표어 만들기

교육부 제공

1 다음은 미국 뉴욕에서 발생한 키티 제노비스(Kitty Genovese) 살해 사건에 관련된 내용입니다. 이야기를 읽고 물음에 답하여 봅시다.

제노비스 사건 기사를 읽고 나서

　나는 수업 시간에 방관자 효과라는 것에 대해 이야기를 들었다. 방관자 효과에 대해 좀 더 자세히 알아보고 싶어서 인터넷으로 검색을 해 보니 제노비스 살해 사건과 관련이 있었다. 제노비스 사건에 대한 기사 내용을 간단히 요약해 보겠다.

　1964년 3월 13일 새벽, 미국 뉴욕에서 일어난 사건으로 아주 늦은 새벽에 일을 마치고 귀가하던 한 여성이 칼에 찔리는 사건이 일어났다. 이 여성은 큰 소리로 주위에 구조 요청을 했는데, 처음에는 주민 중 1명이 소리를 질러 범인은 도망쳤다. 그런데 범인은 그 여성을 다시 찾아가 상해를 입혔고, 이번에도 여성은 주변에 구조를 요청했지만 주민들은 내가 아닌 다른 사람이 경찰에 신고하겠지 하고 아무도 도와주지 않았다. 결국 제노비스라는 여성은 안타깝게도 아무런 도움도 받지 못하고 죽고 말았다.

　이 범행은 약 35분 동안 지속되었고, 38명의 이웃 주민들이 목격을 했음에도 불구하고 제노비스라는 여성은 젊은 나이에 소중한 생명을 잃고 말았다. 얼마나 무서웠을까? 38명 중 1명이라도 관심을 가지고 경찰에 신고를 했더라면 살 수도 있었을 텐데……. 마음이 참 아팠다.

> '제노비스 신드롬'이란 목격자가 많을수록 책임감이 분산돼 개인이 느끼는 책임감이 적어져 도와주지 않고 방관하게 되는 심리 현상을 이르는 말로 '방관자 효과' 또는 '구경꾼 효과'라고 합니다.

이런 말 이런 뜻
방관: 어떤 일에 직접 나서서 관여하지 않고 곁에서 보기만 함.
상해: 남의 몸에 상처를 내어 해를 끼침.
지속: 어떤 상태가 오래 계속됨. 또는 어떤 상태를 오래 계속함.
목격: 눈으로 직접 봄.

1 38명의 목격자가 제노비스라는 여성이 살해되기 전에 경찰에 신고를 하거나 직접 구해 주러 나오지 않은 까닭은 무엇인지 써 봅시다.

_____
_____
_____
_____

2 자신이 제노비스라는 여성이라면 어떤 생각이나 느낌이 들었을지 써 봅시다.

_____
_____
_____
_____

생각 틔우기

문제 제시

1 다음은 학교 폭력 방관자에 대한 모의재판 내용입니다. 다음을 잘 읽고, 논제에 대한 자신의 입장을 정리하여 봅시다.

■ 사건 개요

> 피고인 김방관 군은 강주먹 군이 왕따식 군을 폭행할 때 상습적으로 방관한 혐의를 받아 기소되었다.

검사 주장
- 피고인처럼 많은 청소년들이 폭력의 현장에서 팔짱 끼고 있기 때문에 학교 폭력이 독버섯처럼 번성하고 있다.
- 피고인은 폭력의 현장에서 강주먹을 만류했어야 한다.
- 설사 보복을 당할 가능성이 있더라도 정의가 부당하게 침해받을 때 온몸을 던져 맞서는 것이 정의와 양심이 명하는 청소년들의 법이다.
- 따라서 피고인에게 유죄를 선고할 것을 요구한다.

변호인 주장
- 피고인이 강주먹을 만류하지 못하고 지켜볼 수밖에 없었던 이유는 자기 자신도 왕따를 당하고 보복을 당할 것을 두려워했기 때문이다.
- 학교 폭력을 방치한 진정한 책임은 바로 학교의 책임이고 정부의 책임이며, 학부모의 책임이자 모든 어른들의 책임이다.
- 따라서 피고인에게 무죄를 선고할 것을 요구한다.

배심원 주장
- 끊임없이 계속되고 있는 학교 폭력을 막기 위해서는 주위 사람들의 적극적인 관심과 잘못에 대한 지적이 필요하다.
- 피고인이 용기가 없는 것은 사실이지만 그것이 죄는 아니며, 오히려 어른들은 왕따식은 물론 피고인에게도 사과하고 위로해야 한다.

이런 말 이런 뜻
- **피고:** 재판을 당하는 사람.
- **방관:** 어떤 일에 직접 나서서 관여하지 않고 곁에서 보기만 함.
- **기소:** 검사가 특정한 형사 사건에 대하여 법원에 심판을 요구하는 일.
- **번성:** 한창 성하게 일어나 퍼짐.
- **만류:** 붙들고 못 하게 말림.
- **보복:** 남이 저에게 해를 준 대로 저도 그에게 해를 줌.
- **유죄:** 잘못이나 죄가 있음.
- **무죄:** 아무 잘못이나 죄가 없음.

〈오늘의 주제〉
학교 폭력 방관자는 유죄인가?
자신의 생각은 어떤지 입장을 정리하여 봅시다.

1 학교 폭력 방관자에 대한 두 입장과 그렇게 주장하는 까닭을 정리하여 봅시다.

	학교 폭력 방관자는 유죄이다.	학교 폭력 방관자는 무죄이다.
까닭		

2 만약 자신이 모의재판에 배심원으로 참여한다면 어떤 주장을 펼칠지 써 봅시다.

존경하는 재판장님!

저는 학교 폭력 방관자는 (유죄 , 무죄)라고 생각합니다.

그 까닭은

20   년   월   일 배심원 (   ) 올림

생각 키우기

문제 해결 방법 알기

3 다음은 각 입장을 뒷받침해 주는 근거 자료입니다. 잘 읽고, 학교 폭력 방관자에 대한 자신의 의견과 까닭을 써 봅시다.

검사 학교 폭력 방관자는 유죄이다.

▶ **착한 사마리아 인의 법**

이 법은 자신에게 특별한 위험이 발생하지 않는데도 곤경에 처한 사람을 구해 주지 않은 행위를 처벌하는 법이다. 옛날에 한 유대 인이 강도를 당해 길에 쓰러져 있었는데, 상류층에 속한 사람들이 그 유대 인을 그냥 지나쳤다. 그런데 오히려 유대 인과 적대 관계인 사마리아 인이 구해 주었다. 이는 신약 성서의 이야기에서 유래된 명칭으로 이 법은 현재 프랑스, 폴란드, 이탈리아 등 세계 여러 나라에서 적용되고 있다.

> **이런 말 이런 뜻**
> **곤경:** 어려운 형편이나 처지.
> **적대:** 적으로 대함. 또는 적과 같이 대함.
> **신약 성서:** 예수 탄생 후의 하나님의 계시를 기록한 기독교의 성전.

변호인 학교 폭력 방관자는 무죄이다.

▶ **방관자에 대한 설문 통계 자료**
- 문제 1. 학교 폭력 목격 후 모른 척한 이유는?
  ① 같이 피해를 당할까 봐(22.1%) ② 보복을 당할까 봐 두려워서(6.8%)
  ③ 관심이 없어서(26.8%) ④ 도와줘도 소용이 없을 것 같아서(16.6%)
  ⑤ 어떻게 해야 할지 몰라서(21.0%)
- 문제 2. 학교 폭력을 목격하고 어떠한 느낌이 들었나요?
  ① 별 느낌 없다.(7.7%) ② 무섭다.(20.7%)
  ③ 화가 난다.(21.0%) ④ 우울하다.(4.5%)
  ⑤ 왜 똑 부러지게 대처하지 못하는지 답답하다.(19.1)
  ⑥ 도와줄 수 없어 속상하다.(23.1%)

  ※ 자료 출처: 청소년폭력예방재단 '2014년 전국 학교 폭력 실태 조사'

▶ **기타 의견**
- 방관자의 방관 정도를 정확히 알 수 없어 처벌할 수 없다.
- 양심의 자유를 가져 신고에 대한 자유가 있다.
- 방관자의 책임에서 자유로운 사람은 과연 몇 명이나 될까?

▶ 자신의 의견:
▶ 까닭:

1 자신의 생각을 개요에 맞게 간단하게 정리하여 봅시다.

제목	
주제문 (☑로 표시)	☐ 학교 폭력 방관자는 유죄이다. ☐ 학교 폭력 방관자는 무죄이다. ☐ (기타)
서론	■ 관련된 이야기나 경험
본론	■ 자신의 주장 ＿＿＿＿＿＿＿＿＿＿＿＿＿＿＿＿＿＿＿＿＿＿＿＿＿＿＿＿＿＿ ＿＿＿＿＿＿＿＿＿＿＿＿＿＿＿＿＿＿＿＿＿＿＿＿＿＿＿＿＿＿ • 까닭 1: • 까닭 2: • 까닭 3:
결론	■ 본론 요약 및 강조

B 두 얼굴의 학교생활

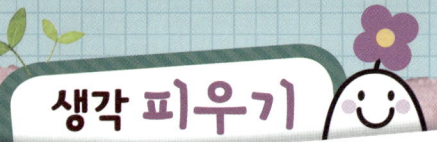

1 앞에서 작성한 개요를 바탕으로 '학교 폭력 방관자는 유죄인가'에 대한 자신의 생각을 글로 써 봅시다.

> 서론, 본론, 결론이 명확히 구분되도록 글을 쓰면 자신의 의견을 보다 분명하게 전할 수 있습니다.

제목:

1 다음 순서에 맞게 초고를 고쳐 쓰고, ▢ 부분에 ∨ 하여 봅시다.

| | 서론, 본론, 결론의 시작 부분을 자신만의 기호로 표시해 봅시다. |

| | 자신의 주장이 본론과 결론에 포함되어 있는지 확인합니다. |

| | 서론, 본론, 결론으로 자연스럽게 이어지는지 살펴봅니다. |

| | 본론에서 주장에 대한 근거가 명확히 제시되었는지 확인합니다. |

| | 맞춤법 및 문장 부호가 바르게 사용되었는지 살펴봅니다. |

생각 퍼뜨리기

일반화

1 다음 사례를 살펴보고, 학교 폭력 방관자로 남지 않기 위해 우리가 할 수 있는 일들에는 무엇이 있을지 써 봅시다.

사례 1 핑크 셔츠 데이(Pink Shirt Day)

매년 2월 24일은 핑크색 셔츠를 입고 집단 따돌림에 반대하는 운동을 하는 '핑크 셔츠 데이'이다. 많은 사람들이 이날 행사에 핑크색 셔츠를 입고 등교해 적극적으로 집단 따돌림에 반대하는 메시지를 전하였다. 핑크 셔츠 데이는 캐나다의 한 고등학교에서부터 시작되었다. 남학생이 핑크색 셔츠를 입고 학교에 갔다가 왕따를 당하게 되었는데 그때 두 남학생이 이러한 괴롭힘에 반대하고자 핑크색 셔츠를 입고 등교를 한 것이다. 이 학생들의 용감한 행동을 기리기 위해 '핑크 셔츠 데이'가 생긴 것이다. 이날은 학교 학생들뿐만 아니라 어른들도 함께 참여하였는데 특히 경찰과 소방대원들도 핑크색 옷을 입고 근무를 하였다고 한다.

사례 2 '학교 폭력 멈춰!(STOP!)' 프로그램

노르웨이에서 1982년 학교 폭력에 시달리던 학생 3명이 잇따라 목숨을 끊는 안타까운 사건이 있었다. 그 후 자율적으로 전개된 전 국민 폭력 예방 운동 '학교 폭력 멈춰!(STOP!)' 프로그램이 만들어졌다. 이로 인해 학교 폭력은 50% 이상 감소하게 되었다. 이 프로그램을 설명하면 학교 폭력 상황 발생 시 피해 학생이 가해 학생을 향해 팔을 뻗으며 "멈춰!"라고 외치고, 그 주변에 있던 다른 학생들도 다 같이 "멈춰!"를 외치는 것이다. 그리고 즉시 교사에게 그 사실을 알리고, 교사는 현장에서 학교 폭력 상황을 처리하는 것이다.

학교 폭력 방관자로 남지 않기 위해 우리가 할 수 있는 일	

일반화

2 다음은 학교 폭력을 없애기 위해 우리가 할 수 있는 일입니다. 자신이 학교 폭력의 목격자라면 다음을 실천할 수 있을지 없을지 ○ 해 봅시다.

학교 폭력을 없애기 위해 우리가 할 수 있는 일	실천 가능성	
	할 수 있다.	할 수 없다.
내가 학교 폭력을 말릴 수 있다면 적극적으로 개입하여 저지한다.		
나는 가해자를 말릴 힘은 없지만 그들의 행위를 몰래 기록할 수 있다.		
친구 부모님과 선생님에게 즉시 말씀드린다.		
친구를 위해 대신 상담 전화를 한다.		
다른 친구들과 힘을 합쳐 피해자인 친구를 돕는다.		

창의성

1 다음과 같이 학교 폭력 예방 및 실천을 위한 표어를 만들고, 그렇게 표어를 만든 까닭을 써 봅시다.

'자살'을 반대로 쓰면 '살자'가 됨을 이용한 창의적인 예입니다.

학교 폭력으로 인한 자살, 친구의 배려로 함께 살자

표어를 만든 까닭: 학교 폭력으로 인하여 자살을 선택하는 학생들이 많다. 자살을 막기 위한 방법으로 친구들의 따뜻한 배려가 필요하기 때문이다.

표어를 만든 까닭: _____

B 두 얼굴의 학교생활

C
모두를 위한 세상

존중은 무엇을 높이어 귀하게 대하는 것으로 나에 대한 존중, 다른 사람에 대한 존중, 환경에 대한 존중으로 구분할 수 있습니다. 나에 대한 존중은 자신의 권리에 대해 잘 알고 있는 것이고, 타인에 대한 존중은 나만큼 남도 소중한 존재라는 것을 알고 상대를 대하는 것을 말합니다. 마지막으로 환경에 대한 존중은 사물이나 자연을 소중히 여기는 것을 가리킵니다.

C-1. 당신의 의견은?

- **생각틔우기**
  차이와 차별 구분하기
- **생각키우기**
  이야기 읽고 문제 풀기
- **생각피우기**
  이야기 내용 파악하기
- **생각퍼뜨리기**
  평등 관련 속담 만들기

C-2. 대한민국 어린이 헌장

- **생각틔우기**
  선언문의 특성 알기
- **생각키우기**
  선언문 읽기
- **생각피우기**
  장애를 가진 어린이의 인권 살펴보기
- **생각퍼뜨리기**
  장애를 가진 어린이를 위한 발명품 설계하기

C-3. 장애인 의무 고용 필요한가

- **생각틔우기**
  장애 간접 체험하기
- **생각키우기**
  장애인 의무 고용 근거 자료 살펴보기
- **생각피우기**
  장애인 의무 고용에 대한 주장 펼치기
- **생각퍼뜨리기**
  논술문 쓰기

C-1 당신의 의견은?

공부한 날 _____ 년 _____ 월 _____ 일

공부할 문제 「당신의 의견은?」을 읽고 평등을 위해 노력할 점을 생각하여 봅시다.

생각틔우기 • 73
차이와 차별 구분하기

생각키우기 • 75
이야기 읽고 문제 풀기

생각피우기 • 80
이야기 내용 파악하기

생각퍼뜨리기 • 82
평등 관련 속담 만들기

생각 틔우기

1 숨은그림찾기를 해 봅시다.

> 숨은 그림: 오징어, 우산, 성냥개비, 버섯, 화살표, 신발

얼핏 봐선 몰랐지만 자세히 보면 눈에 띄는 숨은그림찾기처럼 남녀 차별 문제를 살펴보기 위해서는 무엇보다 주변을 세심히 살펴보는 관심이 필요합니다.

2 다음 내용을 '차이'와 '차별'로 구분하여 선으로 이어 봅시다.

- 넌 여자니까 대표가 될 수 없어.
- 넌 남자니까 아빠가 될 수 있어.
- 장애인 주차장은 장애인만 사용해야 해.
- 장애인이 무슨 농구를 하니?
- 여자는 아기를 낳을 수 있지만 남자는 그럴 수 없어.

차이: 서로 다름.

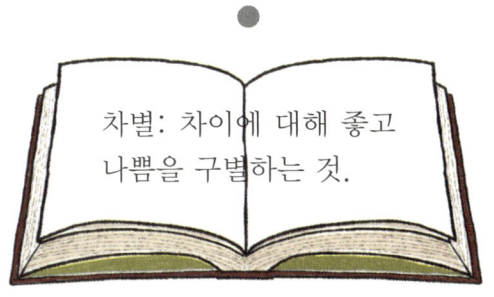

차별: 차이에 대해 좋고 나쁨을 구별하는 것.

C 모두를 위한 세상 73

생각 틔우기

낱말 익히기

1 다음 낱말을 모두 사용하여 한 문장을 만들어 봅시다.

1. 장애인, 올림픽, 패럴림픽

_____

2. 다수, 행복, 소수, 불행

_____

2 다음 낱말 뜻에 해당하는 낱말을 «보기»에서 찾아 빈칸에 써 봅시다.

‹보기›

| 인류 | 등급 | 평평 | 인신 |

세계의 모든 사람.	➡	☐☐
사람의 몸. 개인의 신상이나 신분.	➡	☐☐
바닥이 고르고 판판하다.	➡	☐☐ 하 다
높고 낮음, 좋고 나쁨을 여러 층으로 구분한 단계.	➡	☐☐

3 **2**의 ■ 안의 글자를 모아 이번 활동의 중심 낱말을 써 봅시다.

☐☐ ☐☐

인간은 남자와 여자, 장애인과 일반인으로 차이가 나지만, 차별받지 않으며 평등해야 한다.

1 그림 속 상황을 살펴보고, 그 원인과 결과를 상상하여 써 봅시다.

- 원인

_____
_____
_____
_____

- 원인

_____
_____
_____
_____

한두 사람의 편의를 위해 많은 사람을 불편하게 하는 건 나쁜 거 아닌가요?

장애인뿐만 아니라 일반 학생들도 함께 이용할 수 있으면 모두에게 좋은 일 아닙니까?

- 결과

_____
_____
_____
_____
_____

- 결과

_____
_____
_____
_____
_____

당신의 의견은?

김상규

"자, 모두들 자리에 앉으세요. 오늘은 학급 회의를 해야 하니까, 회장하고 부회장 나와서 진행하세요."

재미없는 회의 시간입니다. 교과서에 나올 만한 이야기만 잔뜩 늘어놓고 당연히 옳은 말만 한두 명이 하면 끝나는 회의 시간. 차라리 연습장에 낙서를 하거나 그림을 그리며 노는 게 훨씬 재미있습니다. 아이들의 표정이 딱 그렇게 보입니다.

"다만!"

선생님이 힘을 주어 말합니다.

"오늘 회의에서는 꼭 옳은 것만 이야기하지 않아도 돼요. 여러분 생각을 자유롭게 이야기하면 돼요."

그때 깐죽거리기 대장인 예준이가 손을 들었습니다.

"선생님, 정말 하고 싶은 이야기를 해도 되는 건가요?"

"당연하지. 다른 사람 의견을 방해하지 않는 범위 안에서 자유롭게 이야기하도록 해 보자고. 자, 회장 시작해. 주제는 학급 회의록 월간 계획에 쓰여 있으니까 잘 설명해서 해 봐. 선생님은 나가 있을 테니까 알아서 잘해 봐."

"네?"

회장 채영이가 깜짝 놀랐습니다. 회의 시간에 선생님이 안 계시는 경우는 많지 않기 때문입니다. 일이 많아서 자리를 잠깐 비우는 경우는 있지만, 그럴 경우 회의는 거의 안 된다고 봐야 합니다.

"왜? 꼭 선생님이 있어야 한다는 거니? 자유롭게 이야기하라고 선생님이 자리를 피해 주는 거야. 오늘 같은 날 자유롭게 이야기를 해 보렴. 서로의 생각이 얼마나 다른지 알아보는 것도 서로를 이해하기 위해 꼭 필요한 일이니까. 대신에!"

이런 말 이런 뜻
깐죽거리다: 쓸데없는 소리를 밉살스럽고 짓궂게 들러붙어 계속 지껄이다.
이해: 깨달아 앎. 또는 잘 알아서 받아들임.

1 만약 담임 선생님이 안 계시는 상황에서 회의를 해야 한다면 어떤 생각이나 느낌이 들지 써 봅시다.

_____

_____

선생님이 잠시 뭔가를 생각하시더니 다시 이야기를 합니다.

"회의는 이야기를 하는 거지 싸우는 게 아니란다. 감정적으로 대하지 말고, 회의 상황을 잘 조절해서 이성적으로 대화를 이끌어 나가 보렴. 힘들겠지만 좋은 경험일 거야."

하면서 선생님이 교실을 나가 버리셨습니다. 잠깐 조용하다가 순식간에 교실은 난장판처럼 시끄러워집니다. 선생님만 안 보이면 이야기하지 않아도 자유 세상입니다. 단, 회의는 안 됩니다.

"자, 자, 여러분. 학급 회의를 시작하겠습니다. 조용히 해 주세요. 먼저 오늘의 주제를 말씀드리겠습니다."

회장인 채영이가 학급 회의록에 들어 있는 주제를 칠판에 적었습니다. 듣는 둥 마는 둥 하던 아이들이 칠판을 보기는 합니다.

"자, 여러분 이 주제에 대해 발표해 주세요."

> 현관에 장애인용 경사로 만들기

웅성웅성 떠드는 아이도 있고, 책상에 엎드려 자려는 아이들도 있습니다. 그때 도덕군자 동준이가 손을 들고 발표합니다. 항상 옳은 말만 하는 동준이를 다들 도덕을 잘 지키는 옛날 군자 같은 사람이라고 해서 도덕군자라고 합니다. 그렇다고 행동이 꼭 그런 것은 아니지만, 말은 항상 도덕 교과서에 실릴 만한 것으로 골라 합니다.

"장애인도 우리 친구입니다. 편하게 다닐 수 있도록 경사로를 만들어 주어야 합니다."

정답입니다. 그러니 아이들은 더 이상 아무 소리를 안 하죠. 늘 이렇게 옳은 말이 정답이 되는 회의니까요. 회의가 끝난 셈입니다.

"오동준 군의 경사로 만들기에 대한 찬성 의견이었습니다. 혹시 반대 의견 있으신 분 발표해 주세요."

있을 리가 없습니다. 당연히 맞는 말을 했으니, 반대는 없는 게 당연합니다. 아무도 다른 의견을 내놓지 않습니다.

"이 의견에 대해 다른 의견 없으신가요? 없으면 우리 반은 찬성하는 의견만 나왔다고 정리하고 회의를 끝마치도록 하겠습니다."

그런데 바로 그때였습니다.

이런 말 이런 뜻
난장판: 여러 사람이 어지러이 뒤섞여 떠들어 대거나 뒤엉켜 뒤죽박죽이 된 곳. 또는 그런 상태.
도덕군자: 유교 도덕을 열심히 공부해 덕이 높은 사람.
군자: 행실이 점잖고 어질며 덕과 학식이 높은 사람.

2 더 이상 다른 의견이 없을 것이라고 생각한 까닭은 무엇인지 써 봅시다.

_____

_____

생각 키우기

"다른 의견 있습니다."

아이들이 갑자기 조용해졌습니다. 다른 의견이 있을 리가 없을 텐데……. 깐죽이 예준이가 손을 들었습니다.

"네, 발표해 주세요."

"선생님도 자유롭게 의견을 말하라고 하셨으니까 좀 편하게 발표하겠습니다."

'도대체 무슨 말을 하려는 거지?'

아이들의 눈이 예준이를 향했습니다. 이렇게 다들 쳐다보아 주면 예준이는 신납니다. 이런 맛에 깐죽거리는 것이죠.

"장애인도 우리의 친구라는 말은 맞습니다. 그런데 우리 반만 해도 그렇습니다. 보세요. 장애인이 없잖아요. 경사로를 만든다고 하면 지금 사용하는 현관이 줄어들잖아요. 지금도 현관이 좁아서 체육 시간이나 조회 시간에 많은 사람이 나가고 들어올 때 불편합니다. 그런데 경사로가 생기면 현관이 더 좁아지고 더 불편해집니다. 장애인도 없는데, 필요도 없는 경사로를 만들어서 더 불편해지는 것은 싫습니다. 그래서 저는 반대합니다."

'어? 그럴 듯한데.' 하는 듯한 눈빛들이 오고 갑니다. 잠시 시간이 지났습니다.

"저도 의견 있습니다."

은성이입니다.

"장애인이 우리 반에는 없습니다. 그런데 4학년인가? 다른 학년에는 목발을 짚고 다니는 아이가 있습니다. ㉠만약 경사로가 있다면 휠체어도 타고 다닐 수 있어 몸이 불편한 아이들이 좀 더 편해질 것 같습니다. 그래서 저는 찬성입니다."

예준이가 은성이를 좀 째려보았습니다. 다시 손을 듭니다.

"추가 발언하겠습니다. 이건 우리 반 의견을 묻는 거잖습니까. 그래서 우리 반에는 장애인이 없으니 경사로를 만들지 않는 게 우리 반은 더 좋다고 말한 겁니다. ㉡한두 사람의 편의를 위해 많은 사람을 불편하게 하는 건 나쁜 거 아닌가요? 다시 한번 말씀드리지만, 전 경사로를 만드는 것에 반대합니다."

교실이 약간 술렁거립니다. 예준이 말도 맞는 것 같다는 분위기입니다. 은성이 말도 맞는 것 같다고 생각하는 아이들도 있습니다.

> **이런 말 이런 뜻**
> **술렁거리다:** 자꾸 어수선하게 소란이 일다.

 3 ㉠, ㉡은 서로 반대되는 의견입니다. 각 의견에 어울리는 관점을 찾아 선으로 이어 봅시다.

| ㉠ | • | | • | 다수의 편리함 |
| ㉡ | • | | • | 소수의 편리함 |

민욱이가 손을 들었습니다.

"저는 많은 아이들을 위해서 경사로를 만들지 말아야 한다는 예준이의 말에 찬성합니다. 많은 아이들에게 좋은 게 제일 좋은 것 아닌가요? 우리 반에 있지도 않은 장애인을 위해 다들 불편할 필요는 없다고 생각합니다."

민욱이 말도 그럴 듯합니다.

"경사로를 만들 필요가 없다는 의견에 찬성한다는 의견이 나왔습니다. 또 다른 의견 없습니까? 없으면 우리 반 의견은 이렇게 정리해서 제출할까요? 반대 의견이나 새로운 의견 있으면 발표해 주십시오."

반 아이들이 다시 술렁거립니다. 반 아이들은 인원이 적은 장애인을 위해 많은 사람들이 불편을 감수하자는 것과 다수가 행복한 쪽을 선택하는 것이 합리적이라는 양쪽 의견으로 갈라지는 분위기입니다.

"저도 의견 있습니다."

미영이가 손을 듭니다.

"장애인만 경사로를 이용하는 게 아니지 않습니까. 보통 아이들도 경사로를 이용하면 계단보다 힘이 덜 들 것입니다. 장애인을 위한 시설이라고 하지만, 보통 아이들도 함께 이용할 수 있으면 모두에게 좋은 일 아닙니까? 그래서 저는 찬성합니다."

"너도 장애인이냐?"

예준이가 성질을 참지 못하고 깐죽거립니다.

"인신공격은 하지 마세요. 회의 시간에 남의 의견에 시비를 걸면 안 됩니다."

채영이가 회장으로서 회의 태도를 강조합니다. 그래도 결과적으로 의견이 둘로 완전히 갈라지고 말았습니다.

"하나의 안건에 두 가지 의견이 팽팽하게 나오고 있습니다. 그런데 우리 반 의견을 정리해야 하므로 투표를 하도록 하겠습니다. 간단하게 찬성, 반대를 동그라미와 가위표로 해서 투표를 하기로 하겠습니다. 투표용지를 만드는 동안 잠시 학급 회의를 정회하도록 하겠습니다. 자기 자리에 앉아서 조금만 기다려 주시기 바랍니다."

자, 투표 결과는 어떻게 나올까요? 많은 아이들을 불편하게 만들므로 경사로를 만들지 말자는 의견과 장애인도 친구이고 다른 학생도 경사로를 이용할 수 있으니 경사로를 만들자는 의견 중에서 우리의 선택은 어느 쪽일까요?

이런 말 이런 뜻

인신공격: 남의 신상에 관한 일을 들어 비난함.

투표: 선거를 하거나 가부를 결정할 때에 투표용지에 의사를 표시하여 일정한 곳에 내는 일. 또는 그런 표.

4 자신은 어떤 의견에 투표할지 까닭과 함께 써 봅시다.

_____

_____

C 모두를 위한 세상 79

생각 피우기

1 다음 등장인물을 비교하여 빈칸을 완성하여 봅시다.

- 이름: 예준
- 학년: 5학년
- 성별: 남자
- 의견
  경사로는 필요 없다.

- 까닭

- 생각의 문제점

- 이름: 은성
- 학년: 5학년
- 성별: 여자
- 의견
  경사로를 만드는 데 찬성한다.

- 까닭

- 생각의 문제점

- 예준이가 제일 중요하게 생각하는 것은 무엇인지 써 봅시다.

- 은성이가 제일 중요하게 생각하는 것은 무엇인지 써 봅시다.

1 만약 자신이 다음과 같은 말을 들었다면 어떤 생각을 하였을지 생각 풍선 안에 쓰고, 그에 어울리는 표정도 그려 봅시다.

우리 반 여자애들 중에는 회의 시간에 나대는 애들이 있어. 가만히 있으면 편하고 좋은데, 뭐 하러 나서고 그러지?

2 만약 자신이 은성이라면 미영이에게 "너도 장애인이냐?"라고 인신공격을 하는 예준이에게 어떤 말을 하였을지 까닭과 함께 써 봅시다.

예준아, ...
....
....
왜냐하면 ....
....

C 모두를 위한 세상 **81**

생각 퍼뜨리기

일반화

1 오늘날 직업 세계에서는 장애인과 비장애인의 역할 고정 관념을 깨는 모습을 자주 볼 수 있습니다. 고정 관념을 깨는 직업을 찾아 빈칸에 그림이나 글로 표현하여 봅시다.

장애인이라서 NO?
괜찮아! 지금은 OK!

2 만약 우리 학교에 장애인 학생들이 있다면 다음 학교 시설이 어떻게 바뀌면 좋을지 까닭과 함께 써 봅시다.

학교 시설	변화 방향	까닭
현관	경사로를 설치한다.	장애인 친구들이 목발이나 휠체어로 올라오기 쉽도록 하기 위해서
교실 문	아랫부분 턱을 없앤다.	휠체어로 다닐 때 걸리지 않게 하기 위해서
복도 벽면		
책상		
화장실		

1 우리나라에는 장애인을 빗댄 속담이 많습니다. 아래와 같이 장애인을 빗댄 속담을 평등에 어울리는 새로운 속담으로 바꾸어 써 봅시다.

속담 ❶

장님 개천 나무란다.

원래 뜻

자기의 잘못은 생각하지 않고 남만 탓한다.

➡

새로운 속담

장님 개천 나무라면
_____ 다리 놓는다. _____

새로운 뜻

장애인이 불편하면 다른 사람도 불편할 수 있으므로 그 문제를 해결해야 한다.

속담 ❷

눈 먼 장님은 서울을 가도 말 못 하는 벙어리는 서울 못 간다.

원래 뜻

벙어리보다는 장님이 낫다는 것을 비유적으로 이르는 말.

➡

새로운 속담

눈 먼 장님은 _____
말 못 하는 벙어리는 _____

새로운 뜻

속담 ❸

앉은뱅이가 서면
천 리를 가나

원래 뜻

능력도 없고 수단도 없는 사람이 장차 큰일을 할 것처럼 떠들고 다닐 때 놀림조로 이르는 말.

➡

새로운 속담

앉은뱅이가
_____

새로운 뜻

C 모두를 위한 세상 83

C-2 대한민국 어린이 헌장

공부한 날 _____년 _____월 _____일

공부할 문제 선언문의 특성을 알고 장애를 가진 어린이의 인권에 대해 알아봅시다.

생각틔우기 • 85
선언문의 특성 알기

생각키우기 • 87
선언문 읽기

생각피우기 • 89
장애를 가진 어린이의 인권 살펴보기

생각퍼뜨리기 • 91
장애를 가진 어린이를 위한 발명품 설계하기

 **1** 올해 새롭게 한 나의 다짐을 '선언문' 삼행시로 표현해 봅시다.

선	
언	
문	

어떤 목표를 이루기 위한 다짐이나 의지를 표시해 놓은 글을 '선언문'이라고 합니다.
'선언문'에는 선언 내용, 날짜, 선언자 등이 쓰여 있으며, 선언을 통해 다짐이나 의지를 널리 알리는 데 그 목적이 있습니다.

2 다음 선언문의 내용에 어울리는 제목을 빈칸에 쓰고, 알맞은 선언자를 선으로 이어 봅시다.

☐☐ 선 언 문

나 ○○○은 나와 우리 가족의 건강을 위하여 다음과 같이 행동할 것을 선언합니다.

하나. 담배를 피우지 않겠습니다.
하나. 아이들과 함께 매일 저녁 운동을 하겠습니다.
하나. 집안일을 함께 하겠습니다.
　　　　　　　20○○.○○.○○.

☐☐ 선 언 문

우리는 여기에 우리 조선이 독립된 나라인 것과 조선 사람이 자주하는 국민인 것을 선언하노라 이것으로써 세계 모든 나라에 알려 인류가 평등하다는 큰 뜻을 밝히며 이것으로써 자손만대에 일러 겨레가 스스로 존재하는 마땅한 권리를 영원히 누리도록 하노라. (이하 생략)

나라를 세운 지 사천이백오십이 년 되는 해 삼월 초하루

아버지　　　　　　　민족 대표 33인

1 '어린이'라는 말을 들을 때의 느낌이나 장면, 함께 떠오르는 낱말들을 생각 그물로 표현해 봅시다.

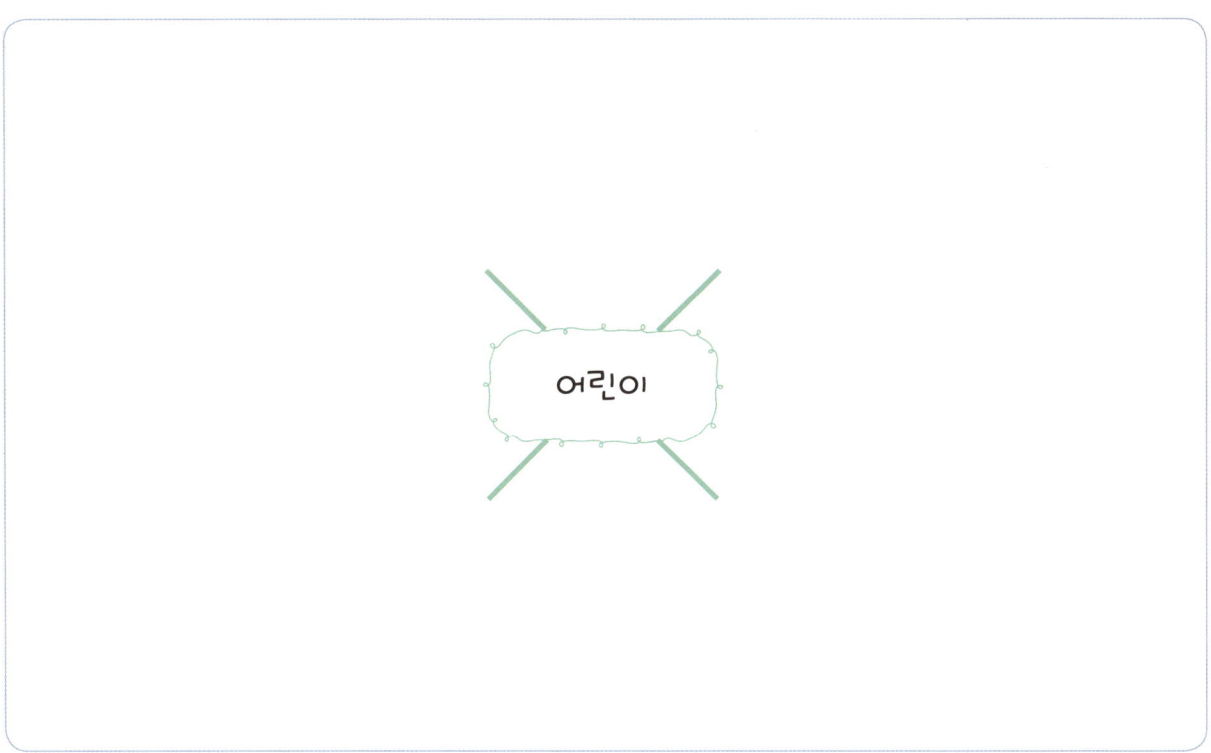

2 낱말 뜻에 알맞은 낱말이 되도록 보기에서 알맞은 말을 찾아 빈칸에 써 봅시다.

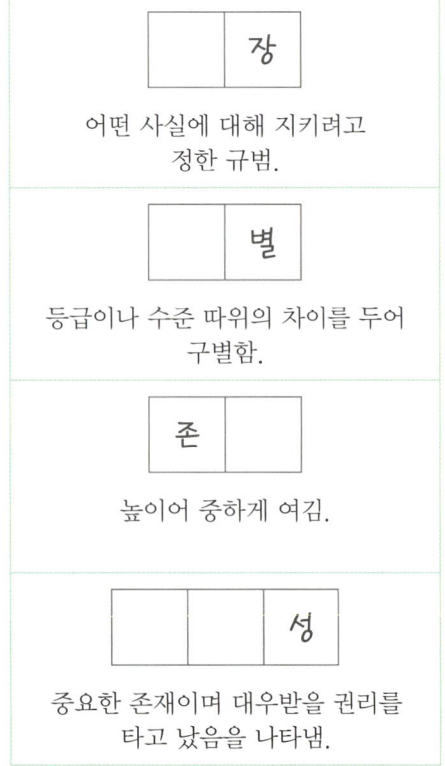
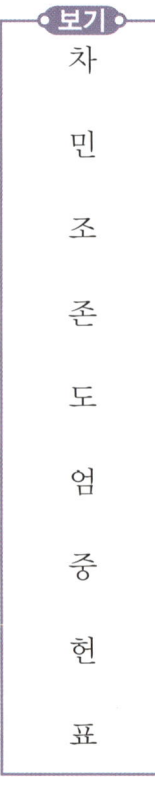

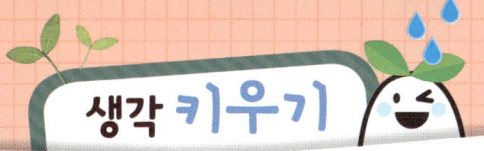

생각 키우기

1 다음 그림 중 자신이 경험한 것이 있는지 생각해 보고, 물음에 답하여 봅시다.

1	2
3	4

1번: 놀고 싶은데……
3번: 엄마, 오늘 무슨 일이 있었는 줄 알아? / 엄마 바빠. 나중에 얘기하자.
4번: 놀리지 마!

---

1 내가 경험한 상황: (   )번

2 그때의 기분

_____

3 그때 어떤 도움이 있었다면 좋았을지 까닭과 함께 써 봅시다.

_____

_____

C 모두를 위한 세상

내용 파악하기

대한민국 어린이 헌장은 한국동화작가협의회에서 제정하고 1957년 5월 5일 보건사회부에서 선포한 것으로 어린이를 위해 국가와 사회가 해야 할 일을 항목으로 남겨 놓은 것입니다. 법적 효력은 없으며, 1988년 한 차례 개정되었습니다.

대한민국 어린이 헌장

대한민국 어린이 헌장은 어린이날의 참뜻을 바탕으로 하여, 모든 어린이가 차별 없이 인간으로서의 존엄성을 지니고 겨레의 앞날을 이어 나갈 새사람으로 존중되며 바르고 아름답고 씩씩하게 자라도록 함을 지표로 삼는다.

1. 어린이는 건전하게 태어나 따뜻한 가정에서 사랑 속에 자라야 한다.

2. 어린이는 고른 영양을 섭취하고, 질병의 예방과 치료를 받으며, 맑고 깨끗한 환경에서 살아야 한다.

3. 어린이는 좋은 교육 시설에서 개인의 능력과 소질에 따라 교육을 받아야 한다.

4. 어린이는 빛나는 우리 문화를 이어받아, 새롭게 창조하고 널리 펴 나가는 힘을 길러야 한다.

5. 어린이는 즐겁고 유익한 놀이와 오락을 위한 시설과 공간을 제공받아야 한다.

6. 어린이는 예절과 질서를 지키며, 한겨레로서 서로 돕고 스스로를 이기며, 책임을 다하는 민주 시민으로 자라야 한다.

7. 어린이는 자연과 예술을 사랑하고 과학을 탐구하는 마음과 태도를 길러야 한다.

8. 어린이는 해로운 사회 환경과 위험으로부터 먼저 보호되어야 한다.

9. 어린이는 학대를 받거나 버림을 당해서는 안 되고, 나쁜 일과 힘겨운 노동에 이용되지 말아야 한다.

10. 몸이나 마음에 장애를 가진 어린이는 필요한 교육과 치료를 받아야 하고, 빗나간 어린이는 선도되어야 한다.

11. 어린이는 우리의 내일이며 소망이다. 나라의 앞날을 짊어질 한국인으로, 인류의 평화에 이바지할 수 있는 세계인으로 자라야 한다.

생각 피우기

내용 정리하기

1 글의 내용을 생각하며 물음에 답하여 봅시다.

1 〈대한민국 어린이 헌장〉을 작성한 목적(지표)은 무엇인지 글에서 찾아 써 봅시다.

_____

_____

2 어린이가 가지는 다양한 권리를 특별히 보호해 주어야 하는 까닭은 무엇인지 빈칸을 채워 정리하여 봅시다.

| ㅇ | ㄹ | ㅇ | 는 스스로 | ㅂ | ㅎ | 할 능력이 떨어지는 약자이므로 아동 권리를 누리게 할 수 있는 사회 및 국가 차원의 제도가 필요하기 때문이다.

2 다음 그림에 알맞은 〈대한민국 어린이 헌장〉 조항을 찾아 선으로 이어 봅시다.

어린이는 해로운 사회 환경과 위험으로부터 먼저 보호되어야 한다.

어린이는 좋은 교육 시설에서 개인의 능력과 소질에 따라 교육을 받아야 한다.

어린이는 즐겁고 유익한 놀이와 오락을 위한 시설과 공간을 제공받아야 한다.

생각 피우기

1 다음 그림을 보고, 물음에 답하여 봅시다.

그림 속 지연이는 청각 장애인으로 소리를 잘 듣지 못합니다. 청각 장애인 친구가 우리와 똑같은 교육을 받으려면 어떤 지원이 필요할지 생각하여 봅시다.

1 이 그림은 〈대한민국 어린이 헌장〉 중 어느 조항에 어긋나는 상황인지 찾아 써 봅시다.

2 지연이가 대한민국 어린이로서 권리를 존중받으려면 어떤 도움이 필요할지 써 봅시다.

3 대한민국 어린이 중에는 몸이나 마음에 장애를 가진 친구들도 많습니다. 이런 친구들과 함께 행복한 학교생활을 하기 위해 우리가 노력해야 할 점을 한 컷 만화로 표현하여 봅시다.

생각 퍼뜨리기

일반화

1 다음 그림을 보고, 물음에 답하여 봅시다.

1 루이 브라유의 점자 개발로 시각 장애인 학생들의 생활이 어떻게 바뀌었을지 써 봅시다.

_____

_____

2 장애를 가진 친구들이 불편 없이 공부할 수 있도록 공부할 때 필요한 학습 도구를 한 가지 생각해 보고 설계도를 그려 봅시다.

> 장애를 가진 친구가 공부할 때 어떤 부분을 불편해 할지 생각해 보고 그것을 해결하기 위한 도구를 상상하여 봅시다.

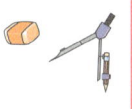

C 모두를 위한 세상

C-3 장애인 의무 고용 필요한가

공부한 날 _____ 년 _____ 월 _____ 일

공부할 문제 장애인 의무 고용에 대한 자신의 주장을 펼쳐 봅시다.

생각틔우기 • 93
장애 간접 체험하기

생각키우기 • 95
장애인 의무 고용 근거 자료 살펴보기

생각피우기 • 98
장애인 의무 고용에 대한 주장 펼치기

생각퍼뜨리기 • 99
논술문 쓰기

생각 틔우기

1 장애 체험을 해 보며 장애인이 겪는 어려움을 알아봅시다.

1 눈을 감고 자신의 얼굴 그리기

> 시각 장애인 체험

2 왼팔(왼손)을 사용하지 않고 미션 수행하기

- 필통을 열어 연필과 지우개 정리하기
- 공책에 자를 대고 반듯하고 정확하게 10cm 선 그리기
- 색종이로 종이비행기 접기

> 지체 장애인 체험

3 짝꿍과 함께 노래 제목 맞히기

① 짝꿍도 알 만한 노래를 골라 소리 내지 않고 입만 움직여 불러 봅니다.

② 짝꿍은 친구의 입 모양을 보고 노래의 제목을 말합니다.

③ 정답을 확인한 후, 역할을 바꾸어 활동해 봅니다.

> 청각 장애인 체험

2 장애 체험을 하며 느낀 점을 간단히 써 봅시다.

_____

_____

생각 틔우기

문제 제시

1 다음 논술 주제에 대한 두 사람의 의견을 읽고, 빈칸에 알맞은 말을 써 봅시다.

<오늘의 주제>
장애인 의무 고용 필요한가

장애인 의무 고용 제도가 있어도 회사는 나라에서 정한 만큼 고용하지 않아요.
이마저도 없었다면 우리 장애인들은 아무 데도 갈 수 없었을 겁니다.
사실 우리도 잘할 수 있는 게 많습니다. 하지만 단지 장애인이라는 이유로 기회조차 얻지 못하는 경우가 많습니다.
우리의 고통을 이해하고 배려해 주는 분위기 속에 장애인 의무 고용 제도가 더 확대되어서 아직 일거리가 없는 많은 장애인들이 자신의 능력을 맘껏 발휘할 수 있는 세상이 왔으면 좋겠습니다.

장애인만 일이 없나요? 요즘은 취업이 힘들어서 일 없는 사람이 많습니다.
저도 취직하고 싶은 사람 중에 한 명입니다. 저는 좋은 대학도 나오고 영어도 잘합니다. 더 많이 움직일 수 있고 더 큰 성과를 얻을 수도 있습니다. 경쟁 사회 아닙니까?
제가 더 잘할 수 있는데 왜 장애인들에게 자리를 양보해야 합니까?
장애인 의무 고용 제도 때문에 안 그래도 좁은 취업 문이 더 좁아지게 되었습니다. 장애인을 우대해 주다가 오히려 비장애인들이 역차별을 당하고 있는 것 아닙니까?

김○○

박○○

이런 말 이런 뜻
배려: 여러 가지로 마음을 써서 보살피고 도와줌.
역차별: 부당한 차별을 받는 대상을 보호하기 위한 제도나 방침으로 인해 도리어 반대편이 차별을 당하게 되는 경우.

▪ | 장 | 애 | 인 | | | | 제도란?

일반적으로 비장애인과 비교하여 취업이 힘든 장애인의 고용을 촉진하기 위해 어느 정도 이상의 규모를 가진 사업자에게 일정 비율 이상의 장애인을 고용하도록 의무를 부과하고 이를 이행하지 않으면 부담금을 내도록 규정한 제도.

생각 키우기

문제 해결 방법 알기

1 장애인 의무 고용에 대한 두 사람의 입장을 정리하여 봅시다.

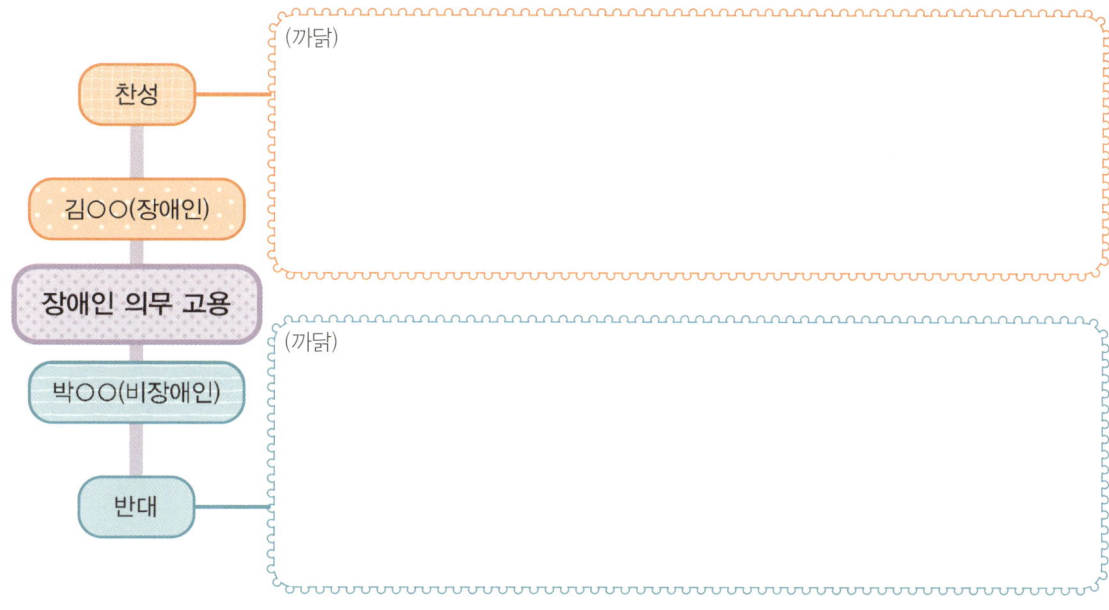

2 다음 그래프를 보고, 빈칸에 알맞은 숫자나 말을 써 봅시다.

선으로 표시된 전체 비율과 막대로 표시된 장애인 비율을 비교해 봅시다.

백분율(%): 전체 수량을 백으로 기준하여 그것에 대해 갖는 비율.
예 40%: 100개 중 40개

→ 전체 인구 대비 100명 중 ☐명 정도가 고용되나, 장애인은 100명 중 ☐명 정도만 고용되는 추세이다.

→ ☐의 월평균 가구 소득은 ☐에 비해 절반 가까이 적다.

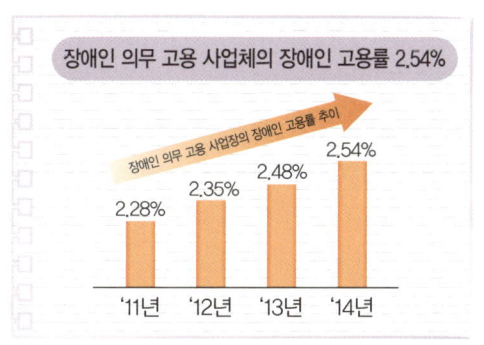

→ 〈장애인 의무 고용〉 제도가 생긴 뒤, 장애인 고용률은 매년 ☐.
그러나 고용 기준인 3%에는 ☐.

(출처: 한국 장애인 고용 공단, 2014년 기준)

C 모두를 위한 세상 95

생각 키우기

문제 해결하기

1 〈장애인 의무 고용〉 제도에 대한 인터뷰 요청이 들어왔습니다. 기자의 질문을 잘 읽고 자신의 의견을 써 봅시다.

안녕하십니까? 어린이 신문 기자 나사건입니다. 〈장애인 의무 고용〉 제도가 1991년부터 시행되었다고 하는데, 왜 이런 제도가 만들어졌나요?

_____
_____

기준에 따라 조금 차이는 있지만 보통 3% 내외에서 장애인을 고용해야 한다고 들었습니다. 고용 직원이 100명일 때 의무 고용되는 장애인은 몇 명, 일반 고용되는 비장애인은 몇 명이라는 뜻입니까?

_____
_____

아, 그렇군요. 그런데 듣기로는 〈장애인 의무 고용〉 제도가 있어도 실천을 안 하는 기업들이 있다고 합니다. 이런 기업들이 많아질수록 우리 사회는 어떻게 변할 것이라 예상하십니까?

_____
_____

마지막으로 한 가지만 더 여쭙겠습니다. 〈장애인 의무 고용〉 제도가 장애인에게 당연히 필요한 배려라고 생각하십니까? 아니면 비장애인을 역차별하는 잘못된 제도라고 생각하십니까? 이유를 들어 의견을 말해 주시길 부탁드립니다.

_____
_____

 2 자신의 생각을 개요에 맞게 정리하여 봅시다.

제목	
주제문 (✔로 표시)	〈장애인 의무 고용〉 제도는 ☐ 장애인 배려 차원의 필요한 제도이다. ☐ 비장애인이 역차별을 받는 제도로 폐지해야 한다.
서론	■ 「토끼와 거북」 이야기 　- 타고난 소질이 다른 토끼와 거북 　- 같은 위치에서 출발시키는 것은 공정한 것일까? 　- 거북이를 배려해 준다면 토끼는 어떤 기분이 들까?
본론	■ 〈장애인 의무 고용〉 제도에 대한 설명 　_____ 　_____ 　_____ ■ 자신의 주장: 〈장애인 의무 고용〉 제도는 　_____ 　• 까닭 1 - 　• 까닭 2 - 　• 까닭 3 -
결론	■ 본론 요약 및 강조

개요란 중요한 내용의 요점을 간추린 것으로 논술의 설계도 역할을 합니다. 서론, 본론, 결론에 간단하게 정리하되 주제에 맞게 자연스럽게 이어지도록 작성합니다.
- 서론: 관련된 이야기, 속담, 명언, 통계 자료, 자신의 경험 등 인상 깊은 내용으로 정리합니다.
- 본론: 자신의 주장과 그 근거를 분명하고 정확하게 표현합니다. 또한 예상되는 상대 의견에 대한 반박거리도 생각해 두는 것이 좋습니다.
- 결론: 서론과 연결 지어 작성하거나 본론의 내용을 요약·정리하여 끝맺습니다.

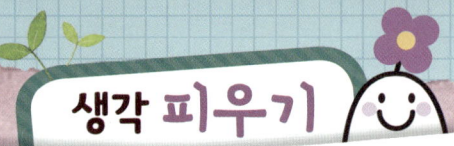

1 앞에서 작성한 개요를 바탕으로 〈장애인 의무 고용〉 제도에 대한 자신의 생각을 글로 써 봅시다.

고쳐쓰기
초고를 작성하고 나면 다음 내용을 참고하여 고쳐 써 봅시다.
① 주제에 맞는 내용인가?
② 제시한 근거가 타당한가?
③ 각 문단의 길이가 알맞은가?
④ 불필요한 내용이 있는가?
⑤ 부정확한 내용이 있는가?
⑥ 맞춤법에 맞게 썼는가?

제목:

　〈장애인 의무 고용〉 제도에 대한 자료를 읽으며 불현듯 「토끼와 거북」 이야기가 떠올랐다. 타고난 소질이 다른 토끼와 거북이 같은 위치에서 출발하는 것이 공정한 것인지, 그렇다고 거북이를 배려해 먼저 출발시키는 것이 과연 옳은 일인지에 대한 문제가 〈장애인 의무 고용〉 제도에 대한 갈등과 많이 닮았기 때문이다.

　〈장애인 의무 고용〉 제도란

　이를 두고 장애인과 비장애인의 입장 차이가 생기고 있는데, 나는 〈장애인 의무 고용〉 제도가 (꼭 필요하다, 불필요하다)고 생각한다.

　그 까닭은 첫째,

　그러므로

생각 퍼뜨리기

1 고쳐쓰기의 과정을 거친 뒤 원고지에 논설문을 작성하여 봅시다.

원고지 사용법
- 제목은 두 번째 줄 중앙에 씁니다.
- 본문은 제목에서 한 줄 띄고 씁니다.
- 문단이 새로 시작되는 경우 한 칸 띄고 씁니다.
- 온점(.)이나 쉼표(,)를 쓴 후 칸을 띄지 않고 바로 씁니다.
- 물음표(?)나 느낌표(!)를 쓴 후 한 칸 띄고 씁니다.

C 모두를 위한 세상

생각 퍼뜨리기

원고지 글쓰기

 **작품화 하기**

1 다음 공익 광고를 참고하여 장애인 고용과 관련된 공익 광고를 만들어 봅시다.

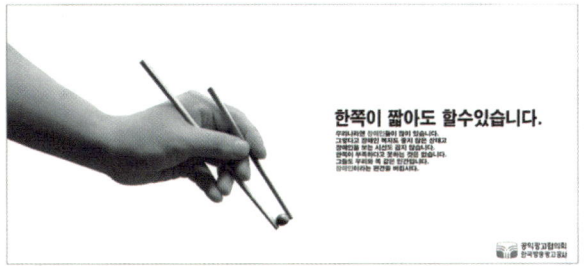
한국방송광고진흥공사 제공

"한 쪽이 짧아도 할 수 있습니다."

"편견을 접으면
그들의 능력이 보입니다."

한국방송광고진흥공사 제공

장애인 고용 공익 광고

인터넷 검색을 통해 장애인 고용과 관련된 공익 광고를 좀 더 찾아봅시다.

D
법 사랑 행복 사회

준법은 법을 바르게 잘 지키는 것을 말합니다. 우리나라는 법치주의 국가로서 국회에서 국민의 의견을 대표하여 법률을 만들고, 법률을 따르지 않고는 그 누구도 국민의 자유와 권리를 침해할 수 없습니다. 준법정신을 잘 실천하면 정의로운 사회, 질서 있고 안정된 건강한 사회를 이룰 수 있습니다.

D-1. 재판을 신청합니다

- **생각틔우기**
  법의 개념과 재판 관련 낱말 알기
- **생각키우기**
  사건 짐작해 보며 이야기 읽기
- **생각피우기**
  판결문 완성하기
- **생각퍼뜨리기**
  우리 반 규칙 만들기

D-2. 대한민국 초대대법원장 김병로

- **생각틔우기**
  전기문의 특성 알기
- **생각키우기**
  전기문 읽기
- **생각피우기**
  판사님들께 부탁하는 글 쓰기
- **생각퍼뜨리기**
  정의의 여신상에 담긴 의미 알기

D-3. 법에도 관용은 필요한가

- **생각틔우기**
  「레 미제라블」을 통하여 문제 확인하기
- **생각키우기**
  법과 관용에 관한 두 가지 입장 생각하기
- **생각피우기**
  법과 관용에 대한 주장 펼치기
- **생각퍼뜨리기**
  피오렐로 라과디아 판사의 일화 읽기

D-1 재판을 신청합니다

공부한 날 _____ 년 _____ 월 _____ 일

공부할 문제 『재판을 신청합니다』를 읽고 모두에게 공정한 우리들만의 규칙을 만들어 봅시다.

생각틔우기 • 105
법의 개념과 재판 관련 낱말 알기

생각키우기 • 107
사건 짐작해 보며 이야기 읽기

생각피우기 • 111
판결문 완성하기

생각퍼뜨리기 • 113
우리 반 규칙 만들기

생각 틔우기

1 다음 문제를 풀고, 정답 기호가 그려진 칸을 색칠하여 봅시다.

		그렇다.	그렇지 않다.
1	모든 국민은 행복을 추구할 권리가 있다.	○	●
2	사람들이 어울려 살아가려면 일정한 질서와 약속이 필요하다.	☆	★
3	규칙을 정할 때는 먼저 힘이 세고 똑똑한 사람에게 의견을 물어봐야 한다.	◇	◆
4	나의 권리와 다른 사람의 권리가 부딪힐 때는 무조건 나의 권리부터 보호해야 한다.	△	▲

↓

☆	●	◆	●	▲
○	☆	○	◆	☆
◆	★	◆	●	◆
▲	○	○	★	☆
●	★	◇	△	★
★	●	☆	◇	☆
★	△	◆	○	◆
●	◇	○	★	▲
◇	●	◆	☆	▲

우리 생활 속에는 지켜야 할 약속과 규칙들이 있습니다.
많은 사람들이 이 약속과 규칙을 인정하고 지켜 가고 있으며,
우리는 이것을 [　　] 이라고 부릅니다.

1 보기 에 있는 낱말들을 빈칸에 써넣어 재판 퍼즐을 완성하여 봅시다.

> **보기**
> 3심, 피고, 재판, 검사, 판사, 증인, 판결, 변호사, 배심원, 참여, 원고, 증거

1		가로	법원에 재판을 신청한 사람.
		세로	재판을 당하는 사람.
2		가로	재판을 진행하며, 검사와 변호사의 자료를 검토하고 법률에 근거하여 판결을 내리는 사람.
		세로	법원에서 법률을 근거로 공정한 판단을 내리는 과정.
3		가로	어떤 사실을 증명하기 위해 자기가 듣고 본 사실을 말하는 사람.
		세로	어떤 사실을 증명하기 위해 쓰이는 자료.
4		가로	일정한 절차에 의해 일반 국민 중 선출되어 재판에 참여하고 내용을 평가하여 결정을 내리는 사람.
		세로	우리나라에서는 ○○ 제도를 통하여 한 사건에 대해 세 번까지 심판을 받을 수 있음.
5		가로	피고나 원고에게 조언을 해 주거나 소송(변론)을 대신 해 주는 사람.
		세로	범죄 사실을 조사하고, 피고에게 알맞은 형량을 법에서 찾는 사람.
6	국 민 □ □ 재 판 □	가로	일정한 절차에 의해 선정된 만20세 이상의 국민이 재판에 참여하고 판사에게 자신의 의견을 제시할 수 있는 제도.
		세로	법률에 따라 판단하고 결정함.

생각 키우기

1 다음 책 표지를 살펴보며, 등장인물이 재판을 신청하게 된 까닭이 무엇일지 짐작하여 써 봅시다.

그림 속 인물이 울상을 짓는 까닭을 생각하며 사건의 발단을 짐작하여 봅시다.

윤현상 → ← 장진

1 그림 살펴보기

- 진이가 (　　　　)을(를) 들고 울상을 짓고 있다.
- 현상이는 (　　　　) 표정으로 재판을 신청하고 있다.
- 현상이와 진이는 모두 (　　　　) 위에 서 있다.

2 재판을 신청하게 된 까닭 짐작하기

D 법 사랑 행복 사회

재판을 신청합니다

■ 출처
『재판을 신청합니다』
글 이명랑
그림 이강훈
/시공주니어

드디어 5학년 5반의 재판이 시작되었다. 그런데 판사도 검사도 원고도 피고도 다 자리에 앉아 있는데 장진의 변호사 자리만 비어 있었다. 판사인 현정이가 빈자리를 바라보며 말했다.
"변호사 자리가 비어 있네요. 장진은 변호사 없습니까? 변호사가 없다면 장진이 변호사 대신 스스로를 변호하겠습니까?"
장진은 풀이 죽은 채로 고개를 끄덕거렸다.
"그럼, 재판을 시작하겠습니다."
현정이가 뿅망치로 탕탕 교탁을 두드렸다. 검사인 성재가 먼저 일어나 장진의 죄를 죽 늘어놓았다.
"지난번 재판에서 현상이가 장진의 미트볼까지 먹어 현상이는 일주일 동안 장진의 도우미 역할을 하기로 결정된 바 있습니다. 도우미는 청소 및 알림장 쓰기만 도와줄 수 있음에도 불구하고 장진은 규칙을 어기고 도우미인 윤현상에게 시켜서는 안 될 일을 계속 시켰습니다. 오늘의 할 일이나 심부름, 게다가 오늘은 급식까지 대신 타 오라고 하며 현상이를 진짜 도우미처럼 부렸습니다."
장진이 고개를 푹 숙였습니다.
"그럼 다음은 장진이 스스로를 변호해 주세요!"
판사인 현정이는 장진에게 스스로 변호할 기회를 주었다. 장진이 엉거주춤 자리에서 일어났다. 그러고는 하기 싫은 일을 억지로 해치우듯이 빠르게 말했다.
"검사의 말이 모두 맞습니다!"
장진은 그렇게만 말하고 재빨리 자리에 앉았다. 한순간 교실에 정적이 감돌았다. 장진이 순순히 자기 죄를 인정하자 다인이는 증인으로 나설 필요도 없었다.

> **5학년 5반 학생들이 만든 규칙**
> - 억울한 일을 겪은 사람은 누구나 재판을 신청할 수 있다.
> - 재판은 친구들끼리 진행한다.
> - 도우미 판결을 받으면 일주일 동안 주인의 청소와 알림장 쓰기를 도와주되 그 외의 일은 절대로 시킬 수 없다.

1 재판을 진행할 때 어떤 역할이 필요한지 세 가지 이상 써 봅시다.

2 검사가 말한 장진의 죄는 무엇인지 써 봅시다.

판사인 현정이와 도우미들로 구성된 배심원들이 열띤 토론을 벌였다.

"그런데 장진만 그런 건 아니잖아? 다른 주인들도 선생님 몰래 도우미한테 시키지 말아야 할 일들을 잔뜩 시키지 않았어?"

"도우미한테 급식 심부름을 시킨 건 혁이도 마찬가지 아냐?"

이러쿵저러쿵. 미주알고주알.

판사인 현정이와 배심원들 사이에서 혁이 이름이 튀어나올 때마다 혁이 얼굴이 흙빛으로 변했다. 규칙을 어기고 도우미를 맘껏 부려 먹었던 다른 주인들 역시 안절부절못했다.

판사인 현정이가 배심원들과 회의를 끝내고 교탁 앞으로 돌아왔다.

"그럼 오늘 윤현상이 신청한 재판에 대한 판결을 내리겠습니다. 장진은 앞으로 이 주일간 윤현상의 도우미 생활을 한다!"

애써 용기를 내어 배심원을 해 준 현기도, 검사를 맡아 준 성재도, 다른 도우미들도 모두 달려와 나를 얼싸안았다.

"우우우!"

"와와와!"

그런데 어쩐 일인지 나는 하나도 기쁘지 않았다. 이제부터는 다시는 안 부려 먹을 테니까 제발 재판만 취소해 달라고 내게 매달리던 장진 목소리가 자꾸 귓속에서 맴돌았다.

"그럼 오늘의 재판은 이것으로 끝내겠습니다."

판사인 현정이가 재판의 끝을 알리며 뿅망치로 탕탕 교탁을 두드렸다.

순간 나도 모르게 번쩍, 손을 들었다.

"판사님, 이 재판에 이의 있습니다!"

아이들이 일제히 나를 쳐다봤다.

"그러니까…… 그게…….."

"윤현상, 판결에 불만이 있다는 겁니까?"

판사인 현정이가 내 대답을 재촉했다.

"아니요, 판결에 불만이 있다는 게 아니라……. 그만! 그만했으면 좋겠습니다."

이런 말 이런 뜻
미주알고주알: 사소한 것까지 모두 다.
이의: 남의 주장과 다른 의견.

내용 파악하기

3 장진에게 내려진 판결은 무엇인지 써 봅시다.

_____

4 재판 과정 중 주인 역할을 맡았던 친구들이 안절부절못한 까닭은 무엇인지 써 봅시다.

_____

생각 키우기

"그만하다니? 뭘?"
판사라는 것도 잊은 채 현정이가 깜짝 놀라 물었다.
"도우미 규칙요! 도우미 규칙 같은 건, 이젠 정말 없었으면 좋겠습니다!"
교실은 순식간에 아수라장이 되었다.
"말도 안 돼!"
혁이가 벌떡 일어나 소리쳤다.
"조용, 조용! 윤현상 말을 좀 더 들어 보겠습니다."
판사인 현정이가 뿅망치로 탕탕 교탁을 두드렸다.
"내가 도우미를 할 때 나도 도우미를 만들어서 부려 먹어야지, 이런 생각만 했습니다. 잘못한 걸 반성하기는커녕 복수할 생각만 했다고요! 원래 재판을 열고, 벌로 도우미 생활을 하는 건 잘못을 반성하라고 그런 거였잖아요? 그런데 도우미로 지내면서 반성한 사람 있나요? 다들 속마음은 나도 빨리 도우미를 만들어서 부려 먹어야지, 복수해야지, 그거였잖아. 너희들은 안 그랬어?"
나는 단숨에 말을 쏟아 냈다. 떠들썩하던 교실에 침묵이 감돌았다.
"그럼 너희들 의견은 어때?"
침묵을 깨고 판사인 현정이가 물었다.
"이건 정말 아니라고 생각해! 처음엔 재미있었는데 막상 도우미가 되고 보니 너무 힘들었어."
"친구끼리 감시하게 되니까 정말 싫어!"
"주인이니 도우미니, 이런 거 이제 그만하자!"
아이들 모두 속에 담고 있던 말들을 꺼내 놓기 시작했다. 그러곤 누가 먼저랄 것도 없이 한마음이 되어 외쳤다.
"도우미 해방! 도우미 해방!"
그러자 판사인 현정이가 뿅망치를 높이 들고 외쳤다.
"에헴! 그럼 오늘의 판결을 말씀드리겠습니다. 본 법정은 오늘부터 5학년 5반의 도우미 규칙을 폐지하는 바입니다."
뒤이어 탕탕 판결을 알리는 뿅망치 소리가 경쾌하게 울려 퍼졌다.
"와와와!"
"해방이다!"
"도우미 해방 만세!"

이런 말 이런 뜻
아수라장: 싸움이나 그 밖의 일로 아주 시끄럽거나 혼란한 장소나 상태.

5 도우미 규칙이 폐지된 까닭은 무엇인지 써 봅시다.

_____

_____

생각 피우기

내용 정리하기

1 다음은 현상이가 재판을 신청하기까지의 과정입니다. 순서에 맞게 번호를 써 봅시다.

| ① 진이가 재판을 신청하여 현상이가 진이의 도우미 판결을 받음. | ② 급식 시간, 현상이가 미트볼을 많이 먹어 진이가 미트볼을 먹지 못함. | ③ 진이가 선생님 몰래 현상이에게 시키면 안 되는 일까지 자꾸 시킴. |

(→   →   → 현상이가 재판을 신청함.)

2 도우미 규칙은 주인을 맡은 친구들에 의해 나쁘게 활용되었습니다. 이 규칙을 바꾸고자 현상이가 다음과 같은 방법을 선택하였다면 어떻게 되었을지 상상하여 써 봅시다.

> 잘못된 법이라 할지라도 이것을 바꾸는 노력이 정당하지 않으면 또 다른 잘못된 상황을 낳게 됩니다.

1 도우미들끼리 힘을 합쳐 진이를 따돌렸다면?

■ 출처
『재판을 신청합니다』
그림 이강훈
/시공주니어

2 울면서 다른 학교로 전학 갔다면?

3 화가 나서 진이를 때렸다면?

1 재판이 열린 그다음 날, 교실 뒤쪽 게시판에는 판사 현정이가 작성한 판결문이 게시되었습니다. 알맞은 내용을 넣어 다음 판결문을 완성하여 봅시다.

판 결 문

○○월 ○○일에 열린 제○회 재판 결과를 다음과 같이 안내합니다.

1. 재판을 하는 까닭: 원고 (　　　)이(가) 피고 (　　　)(으)로부터 도우미로서 부당한 대우를 받아 재판을 신청함.

2. 재판 내용: 피고 (　　　)은(는) 원고에게 시켜서는 안 되는 (　　　　　　　　　　　　) 등을 선생님 몰래 시켰으며 해당 내용을 피고도 인정함.

3. 판결: 배심원과 상의 결과, 피고 (　　　)에게 2주일 동안 원고 (　　　)의 (　　　) 역할을 하도록 결정함.

4. 이의 제기: 원고 (　　　) 및 많은 친구들이 도우미 벌칙은 다음과 같은 문제점이 있다며 폐지하기를 요구함.

　　가. _____

　　나. _____

5. 벌칙 변경: 이에 본 법정에서는 도우미 벌칙을 폐지하고 친구에게 피해를 주는 학생들에게 다음과 같은 벌칙으로 대신할 것을 결정함.

　　가. 새로운 벌칙: _____

　　나. 이것으로 선정한 까닭: _____
　　_____

20　　년　　월　　일　판사 최 현 정

> 벌칙 변경 부분에는 모든 친구들이 수긍할 만한 공정한 벌칙을 생각하여 써 봅시다.

생각 퍼뜨리기

일반화

1. 친구들과 선생님이 모두 동의할 만한 내용으로 우리 반 규칙을 만들어 봅시다.

학급 규칙이 모든 친구들에게 공정하게 적용될 수 있을지 다시 한번 살펴봅시다.

함께 만든 학급 규칙이 다른 사람에게 상처를 주거나 악용되는 경우 어떤 방법으로 바꾸는 것이 좋을지 생각하여 봅시다.

(　　)학년 (　　)반 규칙

1. 우리 학급은 우리 학교 규칙을 존중하며, 서로 어긋나는 경우가 생기지 않도록 주의하여 규칙을 정한다.

2. _____

3. _____

4. 급식실, (　　　　　) 등 여러 학급이 함께 사용하는 공간에서는 질서를 더욱 잘 지켜 행동한다.

5. _____

6. _____

7. _____

8. _____

9. _____

10. 규칙을 정하고 실천할 때 어려운 문제가 생길 경우 (　　　　　)의 도움을 받아 해결할 수 있다.

D 법 사랑 행복 사회

D-2 대한민국 초대 대법원장 김병로

공부한 날 _____ 년 _____ 월 _____ 일

공부할 문제 전기문의 특성을 알고, 법관이 갖추어야 할 자질에 대해 생각하여 봅시다.

생각틔우기 • 115
전기문의 특성 알기

생각키우기 • 118
전기문 읽기

생각피우기 • 121
판사님들께 부탁하는 글 쓰기

생각퍼뜨리기 • 123
정의의 여신상에 담긴 의미 알기

생각 틔우기

전기문 이란

1 빙고 게임 방법을 잘 읽고, 빙고 게임을 하여 봅시다.

◈ 게임 방법 ◈

1. 보기 에 있는 위인의 이름이나 업적을 한 칸에 하나씩 씁니다.
2. 짝과 가위바위보를 하여 순서를 정합니다.
3. 이긴 사람부터 번갈아 가며 자신이 원하는 위인의 이름이나 업적을 말하고, 해당 칸에 ×를 하여 지웁니다.
4. 관련된 내용이 나오면 한꺼번에 2칸을 지울 수도 있습니다.
   예) '이순신'을 불렀을 경우, '이순신'과 '거북선'을 함께 지울 수 있음.
5. 가로나 세로 또는 대각선으로 이어진 4칸을 먼저 지운 사람이 이기는 게임입니다.

보기

이순신, 거북선, 세종 대왕, 한글, 을지문덕, 살수 대첩, 유관순, 3·1 운동,
방정환, 어린이날, 라이트 형제, 비행기, 링컨, 노예 해방,
에디슨, 전구 발명, 간디, 비폭력 운동, 안데르센, 인어 공주

D 법 사랑 행복 사회 115

생각 틔우기

전기문이란

> 전기문의 내용은 인물, 사건, 배경, 평가(인물에 대한 글쓴이의 생각)로 구성됩니다.

2 내가 가장 존경하는 인물에 대한 책을 쓰려고 합니다. 어떤 내용을 쓰면 좋을지 정리하여 봅시다.

이름	
생몰	( )년 ~ ( )년
성격 및 특징	
인물의 업적	
존경하는 까닭	

이런 말 이런 뜻
생몰: 태어남과 죽음을 아울러 이르는 말.

훌륭한 일을 한 사람들은 많은 사람들에게 꿈과 희망, 용기와 행복을 전해 줍니다. 그래서 이러한 인물들의 생애와 업적을 〈전기문〉을 통해 기록하는 경우가 많습니다. 〈전기문〉에 나오는 인물, 사건, 배경은 실제로 존재했으며 인물의 훌륭한 업적을 통해 독자들은 감동적인 교훈을 느끼게 된답니다.

1 다음 낱말의 뜻을 한자를 참고하여 짐작하여 써 봅시다.

| 1 | 박봉 | 薄 엷을 (박)
俸 녹(봉급) (봉) | 〈뜻〉 |

| 2 | 재임 | 在 있을 (재)
任 맡길 (임) | 〈뜻〉 |

| 3 | 위배 | 違 어긋날 (위)
背 등, 배반할 (배) | 〈뜻〉 |

| 4 | 국록 | 國 나라 (국)
祿 녹(봉급) (록) | 〈뜻〉 |

| 5 | 초대 | 初 처음 (초)
代 대신할 (대) | 〈뜻〉 |

2 우리 주위에도 청렴하거나 청백리 같은 사람이 있나요? 자신이 알고 있는 청렴하거나 청백리 같은 인물을 떠올려 보고 그렇게 생각한 까닭을 써 봅시다.

- 청렴: 성품이 맑고 깨끗하며 재물을 탐하는 마음이 없음.
- 청백리: 성품과 행실이 올바르고 무엇을 탐하는 마음이 없는 관리.

■ 이름:

■ 그렇게 생각한 까닭:

생각 키우기

예측하기

1 판사에 대해 자신이 알고 있는 것을 빈칸에 자세히 써 봅시다.

한국직업능력개발원 커리어넷(www.career.go.kr)에서 판사에 대한 더 많은 정보를 찾아볼 수 있습니다.

판사

하는 일	
준비 과정	법학전문대학원(로스쿨)을 졸업한 뒤 변호사 시험에 통과하거나 법무부 사법 시험(폐지 예정)에 합격한 뒤 사법 연수원을 수료해야 한다.
필요한 능력	
어울리는 성격	
장점 및 단점	■ 장점: 많은 사람들의 존경을 받을 수 있고, 임금 수준이 높으며, 근무 시간이 규칙적이다. ■ 단점: 취업 경쟁이 무척 심하여 아무나 될 수 없고, 분석이나 판단을 많이 해야 하므로 정신적인 스트레스가 심하다.

대한민국 초대 대법원장 김병로

■ 출처
『법사랑 사이버랜드』
/법무부

김병로(국가기록원 제공)

1952년 12월, 이날은 초대 대법원장인 김병로의 퇴임식이었어요. 검은색 두루마기를 입고 고무신을 신고 지팡이를 짚은 김병로 대법원장이 단상 앞에 섰어요. 김병로는 강단 아래에 모인 법관들을 바라보며 말했어요.

"여러분, 제가 지키고자 했던 것은 오직 한 가지입니다. 사법부의 독립과 민주주의의 실현입니다. 사법부의 독립이 되기 위해서는 법이 바로 서야 합니다. 법이 바로 서기 위해서는 법관부터 정의로워야 합니다. 법관이 국민으로부터 의심을 받게 된다면 사법부는 흔들리게 되고 민주주의도 이룩될 수 없습니다. 정의를 위해 굶어 죽는 것이 부정을 범하는 것보다 수만 배 명예롭습니다. 법관은 최후까지 오직 정의를 위해 존재해야 합니다."

대한민국 초대 대법원장 김병로는 1887(고종 24)년 전라북도 순창에서 태어났어요. 어릴 적부터 한학을 배웠고 18세 무렵에는 서양인 선교사로부터 신학문을 배웠지요.

1905년 일본에게 나라를 빼앗긴 소식을 듣고 의분을 참지 못해 1906년 70여 명의 의병과 함께 순창읍의 일본 관청을 습격하기도 했지요.

"일본에게서 나라를 되찾기 위해서는 일본을 알아야 한다."

김병로는 일본으로 건너가 법을 공부하고 돌아왔어요.

일본에서 귀국한 뒤 경성전수학교와 보성법률 상업학교의 강사로 활동하며 경성지방법원 소속 변호사로 활동했어요. 독립투사들에 대한 무료 변론과 그들의 가족을 돌보는 일을 주로 하였지요. 여운형, 안창호, 김상옥 의사 사건 등 수많은 독립운동가를 위해 노력했어요.

(중략)

1945년 8월 15일, 제2차 세계 대전에서 일본이 패하여 항복하게 되자 우리나라도 광복을 맞이하게 되었어요.

새로운 정부가 들어서자 김병로는 그동안의 공을 인정받아 초대 대법원장이 되었어요. 당시에는 물자가 풍족하지 않았지요. 일본에게 오랫동안 수탈을 당했던 터라, 나라의 사정이 여의치 않아 법관들도 쥐꼬리만 한 봉급을 받아야 했어요. 하루는 박봉을 참다 못한 판사가 대법원장을 찾아왔어요.

"대법원장님, 봉급이 너무 적습니다."

판사의 불만을 묵묵하게 듣고 있던 김병로가 엄하게 말했어요.

"봉급이 적기는 나도 마찬가지요. 나도 죽을 먹고 살고 있습니다. 나라의 형편이 여의치 않으니 어쩌겠소. 우리 조금만 참읍시다."

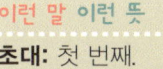

이런 말 이런 뜻
초대: 첫 번째.
사법부: 국가 3권력 중 하나로 법적 싸움이 생기는 경우 옳고 그름을 판단하고 법질서를 유지하는 부서.
부정: 바르지 않거나 옳지 못함.
박봉: 적은 금액의 봉급.

① 퇴임식에서 김병로 선생이 한 말 중 감명 깊게 느낀 부분이 있다면 밑줄을 그어 봅시다.

생각 키우기

대법원장 김병로는 절약을 강조하였어요. 영하 5도가 되기 전에는 난방도 자제하게 하였어요. 잉크가 얼 정도로 추운 날에도 직원들은 벌벌 떨면서 업무를 보아야 했지요. 하루는 법원의 직원들이 불평을 하였어요.

"대법원장님, 다른 관청에서는 다 외제를 쓰는데 왜 우리만 나쁜 국산을 사용합니까? 이런다고 누가 우리를 알아주겠습니까?"

"나라를 찾은 지 얼마나 됐다고 그런 소리를 하는 거요? 국록을 먹는 우리가 아니면 우리 산업은 누가 키웁니까? 공직자는 청렴이 재산입니다."

선생의 집에는 변변한 가구도 없었어요. 평생 고무신과 두루마기만 고집하시고 담배 한 개비를 두 토막으로 나눠서 피웠지요. 집에서는 신문지를 잘라 화장지로 썼어요. 사람들은 이러한 선생을 청백리였던 황희 정승에 비교하곤 했어요.

1950년, 한국 전쟁이 일어나 부산으로 피란을 갔던 시절 선생은 물자를 아끼기 위해 점심을 굶거나 밀가루 죽으로 식사를 대신하셨어요. 전쟁 중에 다리가 절단되는 사고를 입었지만 의족을 짚고 출근할 정도로 강인하고 강직한 성품을 지니신 분이었어요. 법관들은 대법원장인 김병로를 존경하지 않을 수 없었어요. / 대법원장 재임 9년 3개월 동안 김병로는 사법부 밖에서 오는 모든 압력과 간섭을 뿌리치고 사법권 독립의 기초를 다졌어요.

그러던 중, 1954년 헌법 개정안이 부정한 방법으로 통과되었어요. 헌법 개정안의 주요 내용은 초대 대통령에 한해서 중임 제한을 철폐한다는 것이었지요. 한마디로 이승만 대통령이 오래오래 대통령을 할 수 있도록 하는 법이었어요.

대법원장이던 김병로는 터무니없는 법 개정을 인정하지 않았어요.

"절차를 밟아 개정된 법률이라도 그 내용이 헌법 정신에 위배되면 국민은 입법부의 반성을 요구할 권리가 있습니다."

이승만 대통령은 사사건건 바른말만하는 김병로가 눈엣가시 같았어요. 그래서 대법원장에게 사표를 요구했지요.

"대통령님, 이의 있으면 항소하십시오."

김병로는 바른 일이라면 대통령에게도 한치의 물러섬이 없었어요. 불의·부정과 타협하지 않는 청렴함을 가진 강직한 김병로 선생을 이승만 대통령도 어쩔 수 없었던 것이지요.

김병로는 대법원장을 퇴임한 후 10여 년 동안 사법권의 독립과 민주주의를 지키기 위해 노력하시다가 1964년 1월 13일 노환으로 인현동 자택에서 돌아가셨어요.

대한민국 초대 대법관을 지낸 김병로의 절개와 청렴함은 오늘날 우리들에게 깊은 감명과 교훈을 주고 있어요.

이런 말 이런 뜻
- **국록:** 나라에서 일한 대가로 관료에게 주는 돈.
- **재임:** 어떤 직책의 임무를 수행함.
- **중임:** 같은 직위를 거듭 맡음.
- **철폐:** 기존에 있던 제도나 법규를 없앰.
- **위배:** 어기어 지키지 않음.

2 ▢▢▢ 부분과 달리 김병로 선생이 대통령의 요구대로 사퇴하였거나 윗사람의 눈치만 보는 판사였다면 어떤 문제가 발생할지 써 봅시다.

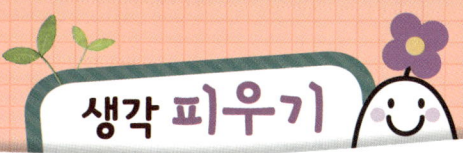

1 김병로 선생의 전기문을 다시 읽고 다음 표에 알맞은 내용을 써 봅시다.

이름	생몰	직업	성격
김병로	1887~( )		

본받을 점

2 김병로 선생의 소신은 무엇인지 빈칸에 알맞은 내용을 써 봅시다.

힘 있는 집권자가 자신이 원하는 대로 법을 적용하기 위해 법관들에게 압력을 가하거나 협박을 한다면 공정한 판결을 내릴 수 없다.

→ 그러므로 사법부의 □□이 필요하다.

법관이 사사로운 감정이나 재물에 이끌려 공정한 판결을 내리지 않으면 국민들이 법을 신뢰하지 않게 되고 결국 법질서는 무너지게 된다.

→ 그러므로 법관은 □□로워야 한다.

나라가 어려운 이때, 국록을 받는 공직자들이 사치스럽게 지내거나 외제를 사용하게 되면 우리 산업은 망하고 나라는 일어설 수 없다.

→ 그러므로 공직자들은 □□해야 한다.

이런 말 이런 뜻
집권자: 나라의 권력을 잡고 있는 사람.
공직자: 관청, 공공 단체에서 일하는 사람.

생각 피우기

1 김병로 선생의 글에서 얻을 수 있는 교훈을 참고하여 공정하고 청렴한 법 집행이 이루어지도록 우리나라 판사님들께 부탁하는 글을 써 봅시다.

우리나라 판사님들께

안녕하세요? 저는 (　　　　)초등학교 (　　)학년 학생 (　　　　)입니다. 안전하고 정의로운 우리나라를 만들기 위해 여러 문제들을 해결하시느라 많이 힘드시죠? 우리가 이렇게 마음 편히 학교를 다닐 수 있는 것은 판사님들의 노력 덕분인 것 같아 늘 감사히 생각하고 있습니다.

그럼에도 불구하고 한 가지 부탁드리고 싶은 것이 있습니다.

판사님, 바쁘실 텐데 제 이야기를 끝까지 들어 주셔서 감사합니다.

늘 건강하시고, 안녕히 계세요.

　　　　　　　　　　　　　　　20　년　월　일 (　　　　) 올림

> 판사가 누군가로부터 부탁을 받거나 자신의 이익을 위해 판결을 내린다면 우리 사회는 어떻게 될지 생각해 보며, 구체적인 상황을 들어 부탁하는 말을 써 봅시다.

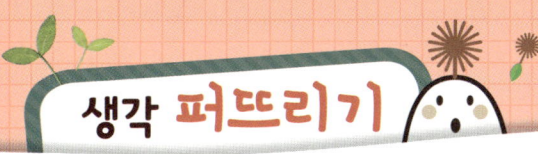

1 다음 사진은 법 집행의 상징물인 '정의의 여신상'입니다. '정의의 여신상'이 지니는 의미를 살펴보고, 준법에 관한 나만의 상징물을 그림으로 그리고 그것을 준법 상징물로 정한 까닭을 써 봅시다.

눈가리개
어떤 선입견이나 편견에 흔들리지 않는 공정한 판결

저울
어느 한쪽으로도 치우치지 않는 공평한 법의 집행

칼
법의 엄격한 집행

법전
법전에 근거한 법의 적용

정의의 여신상

정의의 여신상은 그리스 로마 신화에 나오는 여신 디케에서 유래된 것으로 각 나라의 시대와 사회의 상황 속에서 조금씩 변형되어 묘사되고 있습니다.

나만의 준법 상징물

■ 준법 상징물로 정한 까닭:

D-3 법에도 관용은 필요한가

공부한 날 _____년 _____월 _____일

공부할 문제 '법에도 관용은 필요한가'에 대한 자신의 주장을 펼쳐 봅시다.

생각틔우기 • 125
「레 미제라블」을 통하여 문제 확인하기

생각키우기 • 127
법과 관용에 관한 두 가지 입장 생각하기

생각피우기 • 131
법과 관용에 대한 주장 펼치기

생각퍼뜨리기 • 133
피오렐로 라과디아 판사의 일화 읽기

1 다음은 빅토르 위고의 소설 「레 미제라블」 중 일부분입니다. 다음을 보고 물음에 답하여 봅시다.

장 발장에게는 보살펴야 할 일곱 명의 조카가 있었지만 겨울이 되자 먹을 식량과 돈이 모두 떨어졌습니다.

굶주린 조카들을 보다 못한 장 발장은 빵집의 유리창을 부수고 빵을 훔치다 경찰에게 붙잡혔습니다.

장 발장은 법정에서 5년 형을 받았으나 조카들이 걱정되어 여러 번 탈옥을 시도하다 19년을 감옥에서 살게 되었습니다.

1 장 발장이 빵을 훔친 까닭은 무엇인지 써 봅시다.

_____

_____

2 19년 동안 감옥에서 살다 나온 장 발장은 어떤 생각을 하게 되었을지 써 봅시다.

조카들을 19년 동안 볼 수도 없고 보살펴 주지도 못한 장 발장의 마음은 어떨지 생각하여 봅시다.

생각 틔우기

문제 제시

1 다음은 장 발장이 재판을 받는 모습입니다. 검사와 변호사가 하는 이야기를 잘 읽고 논제를 파악하여 봅시다.

검사

　법은 누구에게나 공평하게 적용되어야 합니다. 이 사람 저 사람 사정을 다 봐주었다가는 법의 위력이 떨어지고 악용되는 경우가 발생합니다.
　장 발장은 빵 가게의 유리창을 부수었고 빵을 훔쳐 빵 가게 주인에게 막대한 피해를 끼쳤습니다. 절도에 해당하는 범죄를 저질렀으므로 형법에 따라 징역 또는 벌금형을 받아야 하며, 빵 가게 주인에게 피해 보상을 해야 합니다.

변호사

　장 발장은 굶주려 있었고 일곱 조카들은 거의 죽을 지경이었습니다. 장 발장은 일을 하여 돈을 벌고자 노력했지만 일을 구할 수 없었으며 이 상황이 되도록 아무도 도와주는 사람이 없었습니다.
　결국 장 발장이 빵을 훔친 것은 장 발장의 나쁜 마음이었다기보다 도저히 어쩔 수 없는 상황 때문이었습니다.
　이런 경우 법도 관용을 베풀어 주어야 한다고 생각합니다. 장 발장에게 무죄 판결을 내려 주십시오.

이런 말 이런 뜻
위력: 위엄 있는 강하고 큰 힘.
악용: 옳지 않게 씀.
관용: 잘못을 너그럽게 받아들이거나 용서함.

법에도 관용은 필요할까요?
자신의 생각은 어떤지
입장을 정리하여 봅시다.

1. 검사와 변호사의 입장을 정리하여 봅시다.

	검사	변호사
주장	장 발장은 벌을 받아야 한다.	장 발장은 벌을 받지 않아도 된다.
까닭		
법에 대한 관점	법은 누구에게나 □□하게 적용되어야 한다.	어려운 상황에 처한 사람에게는 법도 □□을 베풀어야 한다.

2. 만약 자신이 이 재판의 배심원으로 참여한다면 판사에게 어떤 의견을 제시할지 다음 쪽지에 써 봅시다.

국민 참여 재판에서는 일반 국민이 배심원으로 참여하여 판결을 내리는 데 도움을 줄 수 있습니다.

존경하는 재판장님!

저는 장 발장에게 벌을 (주어야 , 주지 않아도) 된다고 생각합니다.

그 까닭은

20   년   월   일 배심원 (   ) 올림

3 다음은 각 입장을 뒷받침해 주는 근거 자료입니다. 잘 읽고, 법에 대한 관점으로 어느 것이 더 옳은지 자신의 의견을 써 봅시다.

> 두 근거 자료를 꼼꼼히 읽어 보고 사회의 질서 유지와 공공의 이익을 위해 법에 대한 어떤 관점이 필요한지 입장을 정해 봅시다.

검사 법은 누구에게나 공평하게 적용되어야 한다.

▶ 깨진 유리창 이론

미국의 범죄학자가 「깨진 유리창」이라는 글에 소개한, 사회 무질서에 관한 이론이다. 만일 어떤 이가 돌을 던져 상점의 유리창이 깨졌을 때 깨진 유리창을 즉시 수리하지 않고 방치해 두면 그곳을 중심으로 범죄가 늘어나게 된다는 것으로, 사소한 것들을 방치하면 더 큰 범죄나 사회 문제로 이어진다는 사회범죄심리학 이론이다.

법을 적용하는 데 있어서도 누군가의 사정을 봐주기 시작한다면 이를 악용하는 사람들이 늘어나면서 범죄가 더욱 확산될 수 있다.

변호사 어려운 사람에게는 법도 관용을 베풀어야 한다.

▶ 사례1
가정 형편이 어려웠던 김 모 씨는 영업이 끝난 분식집에서 라면 2개를 끓여 먹고, 다시 2만 원이 든 동전 통과 라면 10개를 훔쳐 징역 3년 6개월을 선고받았다.

▶ 사례2
재벌 2세 이 모 씨는 공금 50억 원을 횡령하여 징역 3년을 선고받았다.

두 사례는 모두 다른 사람의 재물을 훔쳤을 때 적용되는 법을 공평하게 적용받은 결과이다. 그 사람이 처한 상황은 고려하지 않고 법의 엄격한 적용만 중시하는 것이 과연 옳은 일인가?

▶ 자신의 의견 :

제목 정하기

1. 다음 제목 중 '법에도 관용이 필요한가'라는 논제에 대해 찬성 입장에 어울리는 것은 파란색으로, 반대 입장에 어울리는 것은 빨간색으로 색칠하여 봅시다.

정의의 여신이 눈가리개를 한 이유는 사사로운 감정이나 선입견 없이 공정하게 법을 집행해야 한다는 의지를 표현한 것입니다.

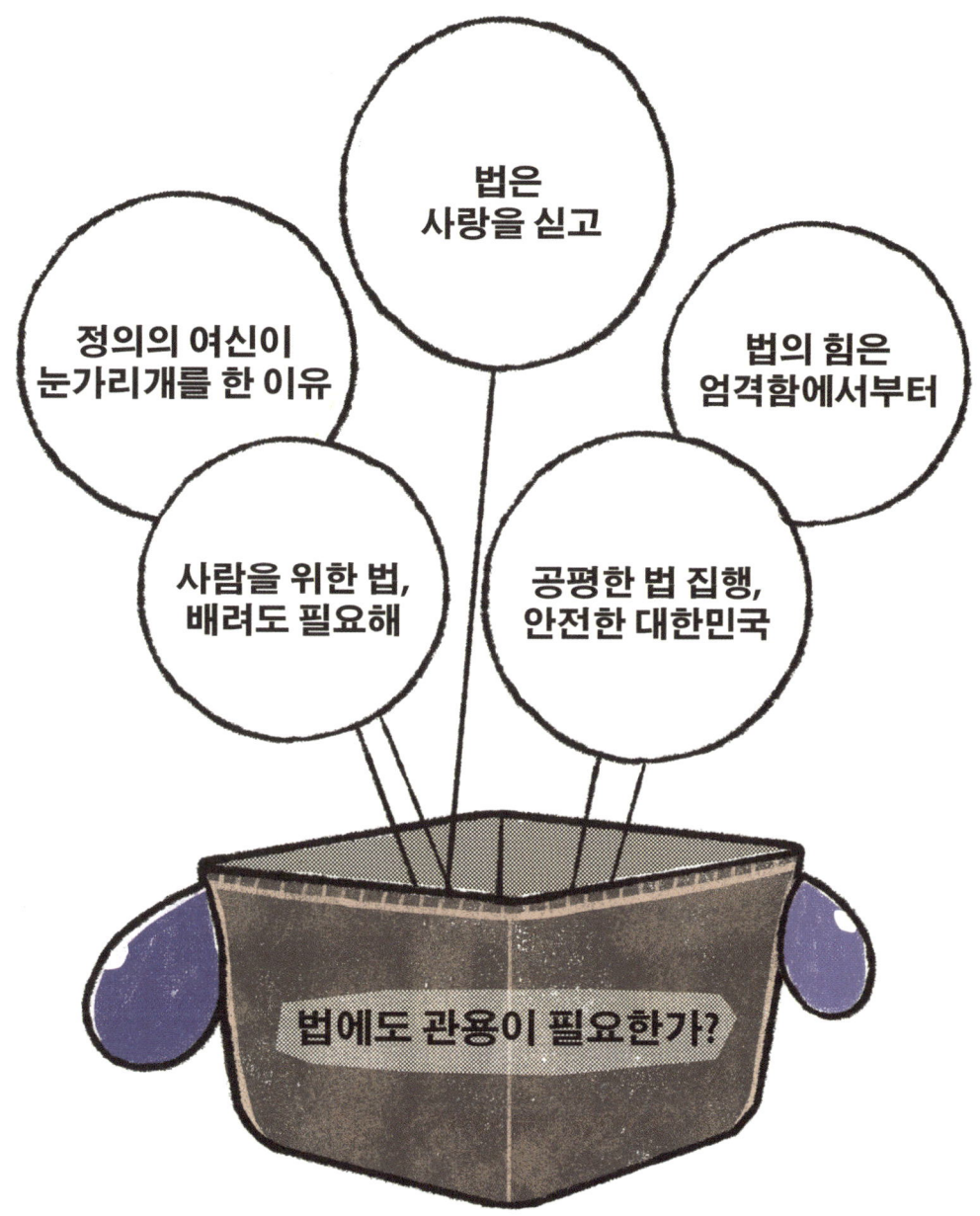

2. 1의 제목 중 자신의 입장을 대표할 수 있는 제목과 그 까닭을 써 봅시다.

- 제목:
- 까닭:

D 법 사랑 행복 사회

생각 키우기

문제 해결하기

1 자신의 생각을 개요에 맞게 간단하게 정리하여 봅시다.

제목	
주제문 (☑로 표시)	☐ 법은 누구에게나 공평하게 적용되어야 한다. ☐ 상황에 따라 법도 관용을 베풀 줄 알아야 한다. ☐ (기타)
서론	■ 관련된 이야기나 경험
본론	■ 자신의 주장 : _____ _____ • 까닭 1: • 까닭 2: • 까닭 3:
결론	■ 본론 요약 및 강조

> 개요란, 중요한 내용의 요점을 간추린 것으로 논술의 설계도 역할을 합니다. 서론, 본론, 결론에 간단하게 정리하되 주제에 맞게 자연스럽게 이어지도록 작성합니다.

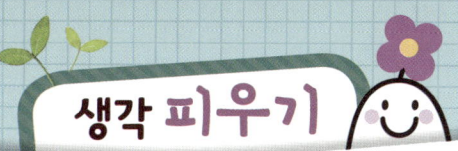

1 앞에서 작성한 개요를 바탕으로 '법에도 관용은 필요한가'에 대한 자신의 생각을 글로 써 봅시다.

제목:

　　얼마 전 「레 미제라블」이라는 이야기를 읽고, 빵 한 덩어리를 훔쳤다가 19년 동안 감옥에 갇혀 살아야 했던 장 발장에 대해 알게 되었다. 다른 사람의 물건을 훔치는 것은 벌 받아 마땅한 행동이긴 하지만, 조카들을 굶길 수 없어 도둑질을 한 장 발장의 심정도 이해되었다. 과연 장 발장에게 내린 이 벌은 공정한 것이었을까? 나는 법을 집행할 때 (　　　　　　　　)고 생각한다.

　　왜냐하면,

생각 피우기

고쳐 쓰기

1 다음 순서에 맞게 초고를 고쳐 쓰고, ▢ 부분에 ✓ 하여 봅시다.

> 글을 쓰다 보면 내 의도와 다르게 쓰인 경우도 생깁니다. 나의 글을 타인의 글로 생각하고 다시 한번 고쳐 쓰는 활동을 거쳐야 비로소 논술이 완성됩니다.

- ▢ 서론, 본론, 결론의 시작 부분을 자신만의 기호로 표시해 봅니다.
- ▢ 주장이 본론과 결론에 포함되어 있는지 확인합니다.
- ▢ 서론, 본론, 결론으로 자연스럽게 이어지는지 살펴봅니다.
- ▢ 본론에서 주장에 대한 근거가 명확히 제시되었는지 확인합니다.
- ▢ 맞춤법 및 문장 부호가 바르게 사용되었는지 살펴봅니다.

2 고쳐 쓴 자신의 글에 대해 친구들의 의견을 받아 보고, 자신의 의견과 비교하여 봅시다.

친구 이름	친구의 의견
	나는 네 생각과 (같아 , 달라).
	왜냐하면

친구 이름	친구의 의견
	나는 네 생각과 (같아 , 달라).
	왜냐하면

생각 퍼뜨리기

일반화

1 법 적용에 있어 엄격한 기준을 지키면서도 관용을 베풀 수 있는 방법은 없을까요? 다음 일화를 살펴보며 법에 대한 관점을 어떻게 활용하였는지 생각하여 봅시다.

판사 라과디아

뉴욕시의 한 재판장에서 남의 물건을 훔친 한 노인의 재판이 진행되고 있었습니다.

판사인 라과디아가 물었습니다.

"어떤 것을 훔쳤습니까?"

"빵입니다. 그저 한 덩어리였습니다."

"한 덩어리라도 절도는 절도이지요. 왜 훔쳤는지 말해 줄 수 있습니까?"

"네, 배가 너무 고팠습니다. 날은 너무 추운데 집이 없어 따뜻하게 쉴 수도 없었고, 일자리를 구해 봤지만 저를 고용하는 데가 없었습니다. 구걸도 했지만 빵 하나 살 돈을 모으지 못했습니다."

노인은 마르고 힘이 없는 모습으로 힘겹게 말을 마쳤습니다.

미국의 법조인이자 정치인인 피오렐로 라과디아

마침내 재판이 끝나고 라과디아 판사가 판결을 내렸습니다.

"이유가 어떠하든 물건을 훔친 죄는 법으로 명백히 다스려야 할 범죄입니다. 이에 할아버지께 10불의 벌금형을 내리겠습니다. 다만 할아버지가 이런 범죄를 저지르게 된 이유에는 우리의 책임도 있다는 것을 인정하지 않을 수 없습니다. 우리 중 누군가가 할아버지께 따뜻한 손길을 내밀었다면 할아버지가 이렇게 재판 받을 일은 없으셨을 테니까요. 그래서 저는 저를 포함한 여기에 있는 모든 분께도 벌금형을 내리는 바입니다. 저는 10달러, 나머지 분들은 5달러씩 내어 할아버지를 도와주시기 바랍니다."

2 장 발장이 받은 판결과 라과디아 판사의 판결을 비교하여 아래의 빈칸에 ○, × 해 봅시다.

	법의 엄격한 적용	법을 통한 관용	내가 주는 판결 점수
장 발장이 받은 판결			/100
라과디아 판사의 판결			/100

A 이산가족의 아픔

A-1 멀리 있는 친구

9쪽 배경지식
1. 이산가족
2. 예 가족을 보기는커녕 소식도 듣지 못하는 자신의 처지가 한탄스러울 것이다.

10쪽 낱말 익히기
1. 상봉 / 분단 / 이산 / 통일
2. 예 통일이 되어 하루빨리 이산가족이 사라졌으면 좋겠다.

11쪽 예측하기
1. 1 예 건강하고 튼튼한 우리나라 어린이의 즐거운 모습이 보인다.
   2 예 유엔 사무총장님, 안녕하세요?
   저는 대한민국의 어린이입니다. 저는 건강하고 행복하게 지내는데, 북한 어린이들은 그렇지 못해서 속상합니다. 그 친구들도 우리처럼 건강하고 즐겁게 지냈으면 좋겠습니다.
   우리가 보내는 구호물자가 북한 어린이들에게 잘 전달되어서 건강하게 자랄 수 있도록 많이 도와주세요.

12쪽 내용 파악하기
1. 예 북한의 식량난이 심해서 / 남북이 분단되어서

13쪽 내용 파악하기
2. 예 북한 어린이들, 안녕?
   아저씨도 초등학교에 다니는 아이의 아빠란다. 남쪽의 아이들만큼 북쪽의 아이들도 건강하고 행복하게 지냈으면 좋으련만 잘 안 되어 걱정이구나. 어른들이 열심히 노력해서 평화 통일이 빨리 오도록 할 테니, 그때까지 건강하게 잘 자라길 기도할게.

14쪽 내용 파악하기
3. 예 유니세프와 같은 곳에 북한 어린이 돕기 기부금을 낸다. / 학교나 국가에서 북한 어린이를 돕는 행사가 있을 때 적극 참여한다. / 국제 사회가 우리나라와 함께 북한 어린이를 도와야 한다는 편지를 UN에 보낸다.

15쪽 내용 정리하기
1. ①, ③, ②
   예 경빈이는 학교나 국가에서 북한 어린이 돕기 행사를 하면 적극 참여해서 북한 어린이들도 우리처럼 건강하고 행복하도록 도와준다.
2. 예 얼굴을 보고도 못 본 척하거나 도움이 필요할 때 도와주지 않는 같은 반 아이를 친구라고 할 수 없잖아요. 친구라면 친구가 어려울 때 당연히 도와줘야 하지요. 북한 어린이들은 지금 너무 힘들잖아요. 우리가 도와주면 우리가 친구가 되어 주는 거고, 그 친구들도 언젠가는 우리를 도와줄 거라고 믿어요.
   예 국제기구를 통해서, 우리나라 정부를 통해서, 민간단체를 통해서 도와줄 수 있다고 배웠습니다. 종교 단체들도 많고요. 마음이 없어서 그렇지 방법은 많다고 생각합니다.
   예 친구들아, 나는 잘 지내. 그래서 가끔 미안해. 내가 친구들보다 잘 먹고, 잘 자고, 군사 훈련 같은 것도 안 받고 잘 지내니까 그렇지 못한 친구들에게 미안하다는 생각이 들어. 그런데 어른들이 만들어 놓은 이런 모습이 참 싫어. 나도 여기서 친구들을 위해서 할 수 있는 일을 열심히 할 테니까, 친구들도 절대 포기하지 말고, 건강하게 잘 지내 주기 바랄게. 우리 평화 통일이 되면 꼭 만나서, 즐겁게 놀자.

16쪽 느낌·생각
1. 예 제목: 이산가족의 슬픔
   요즘 많은 이산가족 분들께서 돌아가시고 있다. 6.25 전쟁 때 가족과 헤어지고, 휴전선을 사이에 두고 만나지 못하고 통일만 기다리다 돌아가시는 이산가족의 슬픔이 얼마나 큰지 나는 상상도 안 된다. 이런 많은 이산가족들이 가족을 만나고 다시 행복을 찾을 수 있도록 하루빨리 남북통일이 되면 좋겠다.

17쪽 일반화
1. 예 이산가족이 만나 행복하게 지내는 모습 등 앞 장면과 자연스럽게 이어지도록 합니다.

2 ⓔ 안녕하세요? 저는 ○○에 살고 있는 ○○○입니다. 저는 고아, 이산가족, 부모님이 이혼하신 것도 아닙니다. 그래서 가족과 헤어진 슬픔을 잘 모르지만 그 슬픔이 매우 클 것이라고 생각합니다. 하루빨리 통일이 되어 가족 분들과 만나 행복하게 살기를 간절히 빌겠습니다. 힘내세요.

A-2 통일전망대를 다녀와서, 천 년의 역사가 살아 숨 쉬는 국립경주박물관

19쪽 기행문이란

1 주상 절리 / ㉡, ㉠

2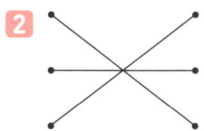

20쪽 기행문이란

3 ×, ○, ×, ○

낱말 익히기

1

민	통	선		최	전	방		온	누	리
염	원			애	환			탈	북	

21쪽 예측하기

1 ⓔ

	통일전망대
사전 조사	- 강원도 고성군 현내면 명호리에 위치 - 1984년 2월 9일에 준공 - 오전 9시~오후 5시 30분(하절기)까지 매표하고 저녁 6시까지 관람 - 2007년에 6.25 전쟁 체험 전시관 개관 등
여정	우리 집 출발 ⇒ 민통선 ⇒ 통일전망대 ⇒ 6.25 전쟁 기념관 ⇒ 화진포 해수욕장 ⇒ 김일성 별장 ⇒ 우리 집 도착
견문	통일미륵불상, 성모마리아상, 전진십자철탑, 351 고지 전투 전적비, 민족의 웅비, 고성 지역 전투 충혼탑 등

2 자신의 생각에 해당하는 곳에 표시해 봅니다.

22쪽 내용 파악하기

1 엄마, 누나와 함께 있지 못하기 때문에 / 엄마와 누나가 보고 싶기 때문에 등

23쪽 내용 파악하기

2 6.25 전쟁 체험 전시관 / 통일 기원 범종

6.25 전쟁 체험 전시관을 관람하였다. / 통일관 1층 전시실에서 북한 주민의 생활 모습을 보았다. / 통일관 2층에서 금강산과 해금강을 보았다. / 통일 기원 범종, 통일미륵불상, 성모마리아상을 보았다. 등

3 그동안 통일에 관심이 없었던 자신이 부끄러웠고, 많은 사람들이 부끄러움을 느꼈으면 하는 마음 때문에

24쪽 내용 파악하기

1 사리갖춤 / 얼굴 무늬 수막새

25쪽 내용 정리하기

1

감상	- 내가 정말 북한에 가까이 가고 있다는 것이 실감이 났다. - 분단의 아픔과 그 당시 사람들의 고통을 느낄 수 있었고, 전쟁 때문인지 몸이 으스스하였다. - 이산가족과 탈북자의 아픔과 애환을 느꼈다. - 통일에 대해 관심이 없던 내가 부끄러웠다.
기행문을 읽고 느낀 점	
ⓔ 나도 평소에 통일에 대하여 잘 생각하지 않았는데 앞으로는 통일에 대해 관심을 가지고 통일을 위해 노력해야겠다는 생각을 하였다.	

2

견문	- 여러 가지 불상, 사리갖춤, 얼굴 무늬 수막새 - 월지 유적에서 발견된 문화재 - 성덕 대왕 신종, 석탑, 석불, 석등 - 성덕 대왕 신종을 봉덕사종, 에밀레종이라고 부른다. - 성덕 대왕 신종은 문화재 보호를 위해 종을 치지 않는다고 한다.
감상	- 웃는 기와의 편안하고 따뜻한 미소는 내 마음속에 행복을 느끼게 해 주었다. - 옛 신라 사람들이 친근하게 느껴졌다. - 어마어마하게 큰 종 앞에 서니 저절로 경건한 마음이 생겨날 정도였다. - 직접 소리를 듣지는 못하였지만, 마음으로나마 영원히 사라지지 않을 종소리를 느낄 수 있었다. - 사라진 신라가 아니라 살아 숨 쉬고 있는 신라를 느낄 수 있었다. 책에서 본 유물은 지식으로 머릿속에 남지만, 직접 보고 느낀 유물은 마음속에 감동으로 남는 것 같다. 이번 여행을 다녀와서 신라의 역사와 인물, 유물과 관련된 이야기를 더 찾아보고 싶은 마음이 생겼다.
기행문을 읽고 느낀 점	
ⓔ 나도 신라 시대의 생활 모습과 유적을 책으로만 보았는데 가족들과 함께 경주에 꼭 가서 글쓴이처럼 마음으로 느끼고 싶다.	

26쪽 느낌·생각

1 예

추천 경로	천문봉 ⇒ 폭포 ⇒ 소천지 ⇒ 지하삼림
추천 볼거리	백두산 천지, 폭포
관광지에 대한 이야기	
백두산 천지는 세계에서 가장 깊은 화산 호수이며, 아시아에서 가장 크고 세계에서 가장 높은 화구호이다. 백두산 천지에 괴물이 나타났다고 하였으나 사실상 아무런 괴물도 존재하지 않는다. 1960년과 1980년대에 북한에서 5종의 어류를 인공적으로 방류하였으며, 산천어가 많이 나타나고, 천지에 수달, 곰 등 동물들이 나타나고 있다.	

2 예 (앞부분 생략)

　너와 함께 가 보고 싶은 여행 장소는 한라산이야. 그 까닭은 한라산은 남한에서 가장 높은 산이기 때문이야. 북한에는 한반도에서 가장 높은 백두산이 있지만 섬에 있는 한라산은 다른 느낌일 거야. 꼭 놀러 와!

　　　　　　　　통일을 바라는 친구 자람이가

27쪽 창의성

1 통일을 기원하는 마음이 담긴 그림을 그려 봅니다.

통일은 필요한가

29쪽 배경지식

1 1 38 / 신탁 통치 / 정부 / 6·25

　2 예 우리나라가 다른 나라에 의해 통치를 받는 것이 분하고 억울할 것이다.

30쪽 문제 제시

1 통일이 필요한가에 대한 자신의 의견을 써 봅니다.

31쪽 문제 해결 방법 알기

1 예 '통일은 필요하다'는 입장: 남한과 북한은 한민족이다. / 경제가 눈부시게 발전할 수 있다. / 국방비를 절약할 수 있다. 등

　예 '통일은 필요하지 않다'는 입장: 통일 비용이 많이 들어 경제가 안 좋아질 것이다. / 문화 차이로 인한 갈등이 발생할 것이다. 등

2 1 26.3 / 48.8

　2 53.5 / 19.7 / 3

　3 사회 혼란 가능 / 경제적 부담

32쪽 문제 해결 방법 알기

3 예 통일은 필요하다. 왜냐하면 통일을 하기 위한 통일 비용보다 통일을 하면 얻을 수 있는 좋은 점이 많기 때문이다.

　예 통일은 필요하지 않다. 왜냐하면 많은 통일 비용으로 남한의 경제도 어려워질 수 있고, 남북 주민 사이의 갈등이 심화될 수 있기 때문이다.

33쪽 문제 해결하기

1 예

제목	다시 하나 되는 대한민국
주제문	통일은 꼭 이루어져야 한다.
본론	〈분단국 통일 사례〉 독일, 베트남 등 많은 분단국가가 통일을 하였는데 우리나라만 유일한 분단국가로 남아 있다. 특히 독일의 통일은 평화적 통일로서 우리에게 큰 교훈을 주고 있다. 〈자신의 주장〉 통일은 꼭 이루어져야 한다. 〈까닭1〉 이산가족 문제를 해결할 수 있다. 〈까닭2〉 경제가 더욱 성장할 수 있다. 〈까닭3〉 전쟁의 두려움에서 벗어날 수 있다.
결론	경제 성장, 이산가족들의 행복 등 많은 이익을 가져다줄 남북통일. 하루빨리 통일을 이루어야 한다.

34쪽 초고 쓰기

1 예 (앞부분 생략)

　독일, 예맨, 베트남 등 이미 많은 나라들이 통일을 이루었고, 이제 우리나라만 세계 유일한 분단국가로 남아 있게 된 것이다. 특히 독일의 평화적 통일은 우리가 본받아야 할 점이다.

　나는 통일은 필요하다고 생각한다.

　그 까닭은 첫째, 이산가족 문제를 해결할 수 있다. 6.25 전쟁 때 발생한 이산가족은 가족의 생사도 모르고 만날 수 없어 슬픔에 빠져 있다. 헤어진 가족을 다시 만날 수 있도록 통일은 이루어져야 한다.

둘째, 북한의 자원과 우리나라의 뛰어난 기술력으로 눈부신 경제 성장을 이룰 수 있다. 국방비에 들어가는 돈을 경제 성장에 사용하면 우리나라는 세계 5위의 경제 국가가 될 수 있기 때문이다.

셋째, 전쟁 걱정을 줄일 수 있다. 우리나라는 휴전 협정으로 계속 전쟁의 두려움 속에서 살고 있었지만 통일이 된다면 그런 두려움을 떨칠 수 있을 것이다.

그러므로 이산가족 상봉, 경제 성장, 전쟁의 두려움 해결 등 우리에게 많은 이익을 가져다줄 수 있는 통일을 하루빨리 이루어야 할 것이다.

37쪽 작품화 하기

1 ㉠ 제목: 통일을 이루자
통일을 이루자 함께 그토록 바라던 통일
경제를 살리는 통일 통일이여 오라
이산가족이 만나 행복을 주는 통일
통일을 이루자 함께 우리의 소원을

B 두 얼굴의 학교생활

B-1 오징어 싸움

41쪽 배경지식

1 질문에 답을 하며 자신의 학교생활과 교우 관계를 파악해 봅니다.

2 ㉠ 다리 / 친구들과 만날 수 있는 공간이고 서로의 관계를 더욱 돈독히 이어 주는 다리와 같기 때문이다.

42쪽 낱말 익히기

1 협의 / 협동 / 존중 / 토론 / 화합 / 중재

2 ㉠ 대화를 할 때 상대방을 존중하고, 어려운 일은 함께 협동하고 협의하면 더할 나위 없이 즐거운 학교생활

43쪽 예측하기

1 1 ㉠ 남학생만 / 축구는 거칠고 서로 밀치며 하는 운동이기 때문에 여학생들이 하면 다치기 쉽기 때문이다.

㉠ 여학생도 / 체육 대회를 더 뜻깊게 하기 위해서 같이 하는 것이 좋다. 여학생들이 공을 잡으면 밀지 않기 규칙을 만들면 더 좋겠다.

2 ㉠ 여학생이 공을 잡으면 밀지 않기 / 여학생은 남학생보다 민첩함이 떨어지는 경우가 많아 잘못하면 다치기 쉽기 때문이다.

44쪽 내용 파악하기

1 ㉠ 공부나 성적 때문에 엄마에게 혼났을 것이다.

45쪽 내용 파악하기

2 ㉠ 도현이가 금을 밟았기 때문이다. 금을 밟으면 아웃(죽는다)이기 때문에 도현이가 게임을 그만둘 것이라고 생각하고 힘을 뺐을 것이다.

46쪽 내용 파악하기

3 ㉠ 금을 밟아서 아웃이 되었는데도 두 발로 달렸기 때문에 규칙을 지키지 않은 나쁜 아이라고 생각했을 것이다.

47쪽 내용 정리하기

1 1 ②, ①, ③
   2 예 여러 아이들의 증언을 통해 누구의 잘못인지를 밝힘.

2 예 정부와 국민의 의견이 계속 대립하다가 결국 마찰이 일어날 것이다.
예 가족 여행이 즐겁지 않을 것이고, 가족 여행에 참여하기 싫을 것이다.

48쪽 느낌·생각

1 예 혼자 먹은 도시락 / (앞부분 생략) 나는 친한 친구가 없기 때문이다. 아침에 우리를 현장 학습 장소로 데려다 줄 버스에서 눈물이 나오려 했다. 어젯밤에 짝꿍한테 같이 앉자는 말을 연습했지만 말을 꺼내지 못했다. 괜히 내 마음도 몰라주는 짝이 미워진다.

2 예 뿌듯했던 하루 / (앞부분 생략) 그냥 지나칠까 했지만 ○○이가 괴로워하는 모습을 보고 담임 선생님께 말씀드리기로 결심하였다. 말문을 열기까지 쉽지는 않았다. 하지만 선생님께 말씀드리고 나니 잘했다는 생각이 들었다. 내일은 ○○이의 웃는 모습을 볼 수 있을 것 같아 기쁘다.

49쪽 일반화

1 예 친구가 곤란한 일이 있을 때 친구의 입장이 되어 생각해 보겠습니다. / 친구에게 잘못을 떠넘기지 않겠습니다. / 새로운 친구에게 먼저 말을 걸어 주겠습니다. / 친구의 의견을 존중하겠습니다.

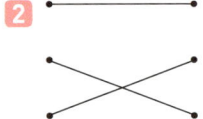

B-2 바보 공주

51쪽 희곡이란

1 짝과 빙고 게임을 해 봅니다.

2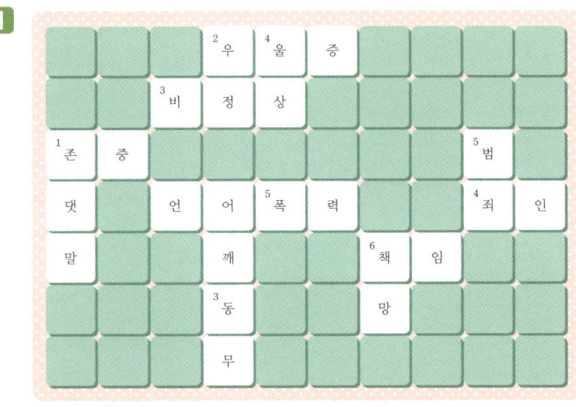

52쪽 희곡이란

3 반가워하며 / (선우와 종민이를 바라보며) 고마워. 우린 아주 좋은 친구가 될 수 있을 것 같아. / 선우

4 예 시진이는 모연이에게 명령하는 목소리로 말하였습니다.
"야! 내 우유 좀 갖다줘!"
대영이도 비꼬는 듯한 목소리로 모연이에게 말하였습니다.
"내 것도!"
모연이는 말을 더듬으며 친구들에게 대답하였지만 목소리는 점점 작아졌습니다.
"이젠 너희들 우유는 너희들이 가져가……."
시진이는 주먹을 불끈 쥐며 모연이에게 소리쳤습니다.
"뭐라고? 너 죽고 싶어! 이걸 그냥 확!"
시진이와 대영이는 모연이를 툭툭 치다가 시진이가 모연이의 배를 주먹으로 치고 가 버렸습니다. 모연이는 배가 아파 바닥으로 쓰러지며 눈물을 흘렸습니다.

53쪽 낱말 익히기

1

		²우	⁴울	중		
	³비	정	상			
¹존	중				⁵범	
댓		언	어	⁵폭	력	⁴죄	인
말			깨		⁶책	임
		³동			망	
			무			

54쪽 예측하기

1 1 예 아파트에서 투신자살을 하였다.
   2 예 가족을 잃은 왕소심 군의 부모와 형에게 정신적 피해에 대한 정신적 위자료를 주게 되었다.
   1 예 심리적 고통을 겪어 학교 적응을 힘들어 했다.
   2 예 나몰라 군의 부모님이 빌린 돈을 다 갚아 주셨고, 나몰라 군은 학교 폭력 대책 자치 위원회 결정에 따라 특별 교육과 사회 봉사를 하게 되었다.

55쪽 내용 파악하기

1 공주에서 전학 온 수경이가 걷지를 못하기 때문에

2 예 친구들에게 수경이를 바보 공주라고 부르는 것

은 잘못된 행동이라고 말했을 것이다. / 수경이에게 짜증을 내지 않을 것이다.

56쪽 내용 파악하기

3 수경이 때문에 자신도 친구들에게 바보 왕자라고 불리고, 친구들에게 학교 폭력과 따돌림을 당했다고 생각하기 때문이다.

57쪽 내용 파악하기

4 ⑩ 친구들에게 바보 공주라고 놀림과 괴롭힘을 당해서 마음의 상처가 컸기 때문이다.

58쪽 내용 정리하기

1　1 ⑩ 기환, 재련, 수민: 친구를 배려하지 못하고 괴롭힘.
　　필규: 잘못된 행동에 대하여 자신의 주장을 이야기할 수 있음. 친구를 배려할 줄 알고 걱정함.
　　수경: 너무 착해서 친구들에게 따돌림을 당하기만 함.
　2 ⑩ 천사 공주 / 사고로 걷지를 못하지만 부모님을 단 한 번도 원망하지 않고, 친구들이 자신을 괴롭혔는데도 오히려 친구들이 좋다고 말할 정도로 착하기 때문이다.

2 ⑩
┌─────────────────────────────────┐
　　　　　7장. (행복한 교실)

　수경이 어머니께서 수경이의 휠체어를 밀면서 교실로 들어오신다. 친구들이 모두 수경이에게 모여든다.

　필규: (미안해하며) 수경아, 미안해. 몸은 좀 어때?

　친구들: (머리를 긁적거리며) 수경아, 우리도 정말 미안해. 우리가 너를 아무 이유 없이 괴롭혀서 정말 미안해. 용서해 줄래?

　수경: (방긋 웃으며) 물론이지. 나도 너희들과 사이좋게 지내고 싶었어. 한 번도 너희들을 원망한 적 없었어.

　필규: (친구들과 수경이의 손을 꼭 잡으며) 그래 앞으로 서로 사이좋게 지내자! 앞으로는 친구의 단점을 가지고 놀리거나 괴롭히지 말자!

　수경이와 수경이 어머니의 눈가에는 기쁨의 눈물이 맺힌다.
└─────────────────────────────────┘

59쪽 창의성

1 ⑩ 하늘이 무너지는 것 같고, 모든 사람이 미워질 것 같다.
2 자신의 생각에 ○ 해 봅니다.
3 ⑩ 조를 짜거나 짝을 정할 때 자신이 원하는 친구를 고집하거나 어떤 친구를 제외시키지 않습니다. / 친구와 친구 사이에 하기 싫은 일을 억지로 시키지 않습니다.

B-3 학교 폭력 방관자는 유죄인가

61쪽 배경지식

1　1 목격자가 많아서 모두들 다른 사람이 신고할 거라고 생각했기 때문이다.
　2 ⑩ 목격자가 많은데도 불구하고 아무도 구해 주거나 신고하지 않은 것에 대해 이해가 안 되고 사람들에게 매우 화가 날 것이다.

63쪽 문제 해결 방법 알기

1 ⑩ 학교 폭력 방관자는 유죄이다.: 학교 폭력을 막기 위해서는 주위 사람들의 적극적인 관심이 필요하다. 설사 보복을 당할 가능성이 있다 하더라도 폭력 현장에서 강주먹을 만류했어야 한다.
　⑩ 학교 폭력 방관자는 무죄이다.: 방관자가 용기가 없는 것은 사실이지만 학교 폭력을 방치한 진정한 책임은 바로 학교, 정부, 학부모의 책임이다.

2 ⑩ 저는 학교 폭력 방관자는 무죄라고 생각합니다. 그 까닭은 학교 폭력을 방치한 진정한 책임은 학교의 책임이고 정부의 책임이고 학부모의 책임이자 모든 어른의 책임이라고 생각하기 때문입니다.

64쪽 문제 해결 방법 알기

1 ⑩ 학교 폭력 방관자는 유죄이다. 제노비스 신드롬과 착한 사마리아 인의 법처럼 도움이 필요한 상황을 알고 있으면서도 아무런 도움도 주지 않고 지나친다면 많은 피해를 줄 수 있기 때문이다.
　⑩ 학교 폭력 방관자는 무죄이다. 보복에 대한 무서움 때문에 용기가 없어 방관한 것을 처벌하는 것은 무리가 있기 때문이다.

65쪽 문제 해결하기

1 예

제목	모두의 책임이야
주제문	학교 폭력 방관자는 유죄이다.
서론	−제노비스 신드롬 사례
본론	〈자신의 주장〉 학교 폭력 방관자도 처벌받아야 한다. 〈까닭 1〉 끊임없이 계속되고 있는 학교 폭력을 막기 위해서는 주위 사람들의 적극적인 관심이 필요하다. 〈까닭 2〉 착한 사마리아 인의 법 사례처럼 여러 나라에서는 학교 폭력 방관자도 죄가 있다며 처벌하고 있다. 〈까닭 3〉 학교 폭력 방관자의 처벌은 독버섯처럼 번성하고 있는 방관하는 자세를 고칠 수 있을 것이다.
결론	학교 폭력 방관자도 가해자처럼 처벌하여 방관자가 줄어든다면 학교 폭력을 조금이나마 줄일 수 있을 것이다.

66쪽 초고 쓰기

1 예 제목: 모두의 책임이야!

 1964년, 새벽에 귀가하던 한 여성이 칼에 찔렸지만 아무런 도움도 받지 못한 채 목숨을 잃은 제노비스 살해 사건이 있었다. 주변에는 38명의 목격자가 있었지만 그중 1명만이 사건이 다 끝난 후에야 경찰에 신고했다. 38명의 목격자가 조금만 관심을 가지고 빨리 신고를 하였더라면 소중한 생명을 구할 수 있지 않았을까?

 과연 38명의 목격자는 아무런 죄가 없을까? 나는 38명의 목격자도 방관자로서 가해자와 같이 처벌을 받아야 한다고 생각한다. 이와 마찬가지로 학교 폭력이 발생했을 때 방관자도 함께 처벌받아야 한다. 그 까닭은 다음과 같다.

 첫째, 끊임없이 계속되고 있는 학교 폭력을 막기 위해서는 주위 사람들의 적극적인 관심이 필요하기 때문이다. 제노비스 사건에서 38명의 목격자가 힘을 합쳐 범죄를 막았거나 소리를 질렀다면 이런 끔찍한 일도 벌어지지 않았을 것이다.

 둘째, 착한 사마리아 인의 법 사례처럼 여러 나라에서는 학교 폭력 방관자를 처벌하고 있다. 방관자도 가해자와 같이 처벌 대상으로 생각하고 있는 것이다.

 셋째, 학교 폭력 방관자를 처벌한다면 학교 폭력 방관자는 줄어들 것이다. 이는 우리 사회에 독버섯처럼 번성하고 있는 무관심과 방관하는 자세를 고칠 수 있는 방법이 될 수 있다.

 이처럼 우리 사회에 만연하고 있는 무관심과 방관 자세를 버려야만 학교 폭력이 사라질 수 있을 것이다. 따라서 학교 폭력 방관자도 가해자와 같이 처벌하여 방관자가 줄어든다면 학교 폭력을 조금이나마 줄일 수 있을 것이다. 모두가 반성하여 '난 상관없어.'의 마음을 버리고 '모두가 책임이 있어.'라는 생각을 가졌으면 좋겠다.

68쪽 일반화

1 예 학교 폭력을 목격하였을 때 가해자에게 '안 돼!'라고 강하게 이야기한다. / 학교 폭력이 발생하면 선생님이나 주변 어른 또는 친구들에게 도움을 요청한다.

69쪽 일반화

2 자신의 생각에 ○ 해 봅니다.

창의성

1 예 표어: 학교 폭력 없는 우리 학교 / 등·하굣길 행복 가득

표어를 만든 까닭: 학교 폭력 때문에 학교에 가기를 두려워하는 친구들이 많다. 학교 폭력을 예방하여 모든 친구들이 등·하굣길에 웃으며 다니길 바라기 때문이다.

C 모두를 위한 세상

C-1 당신의 의견은?

73쪽 배경지식

1

2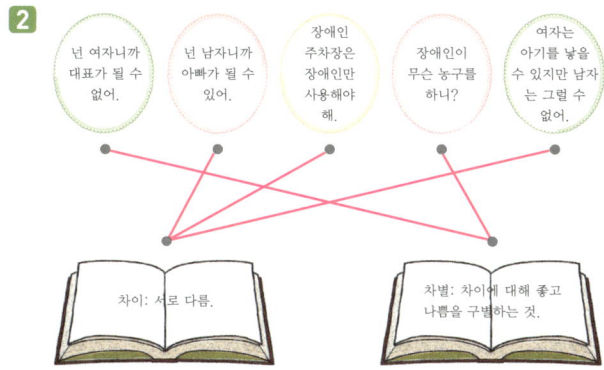

74쪽 낱말 익히기

1 1 예 올림픽이 열린 뒤 장애인들의 올림픽인 패럴림픽이 열린다.
  2 예 다수가 행복하기 위해 소수가 불행해져서는 안 된다.

2 인류
  인신
  평평
  등급

3 인류 평등

75쪽 예측하기

1 예
- 원인: 많은 사람이 편한 것이 가장 좋기 때문이다.
- 원인: 장애인도 우리 사회 일원이기 때문이다.

- 한두 사람의 편의를 위해 많은 사람을 불편하게 하는 건 나쁜 거 아닌가요?
- 장애인뿐만 아니라 일반 학생들도 함께 이용할 수 있으면 모두에게 좋은 일 아닙니까?

- 결과: 많은 사람이 좋다고 해도 소수가 차별받을 수 있다.
- 결과: 조금씩 양보하면 아무도 차별받지 않는다.

76쪽 내용 파악하기

1 예 당황스러울 것이다.

77쪽 내용 파악하기

2 교과서에 나오는 정답을 말했기 때문이다. / 대부분의 사람들이 동의할 수 있는 옳은 말이기 때문이다.

78쪽 내용 파악하기

3

79쪽 내용 파악하기

4 예 찬성에 투표할 것이다. 장애인이 소수라지만, 함께 잘 지내기 위해서 필요한 시설이다. 장애가 없는 아이들도 이용하면 더 좋을 것이다.
  예 반대에 투표할 것이다. 소수를 위해 다수가 희생하는 것은 좋지 않다. 우리 반에 있지도 않은 장애인을 위해 시설을 만드는 것은 불편하고 낭비이기도 하다.

80쪽 내용 정리하기

1 예

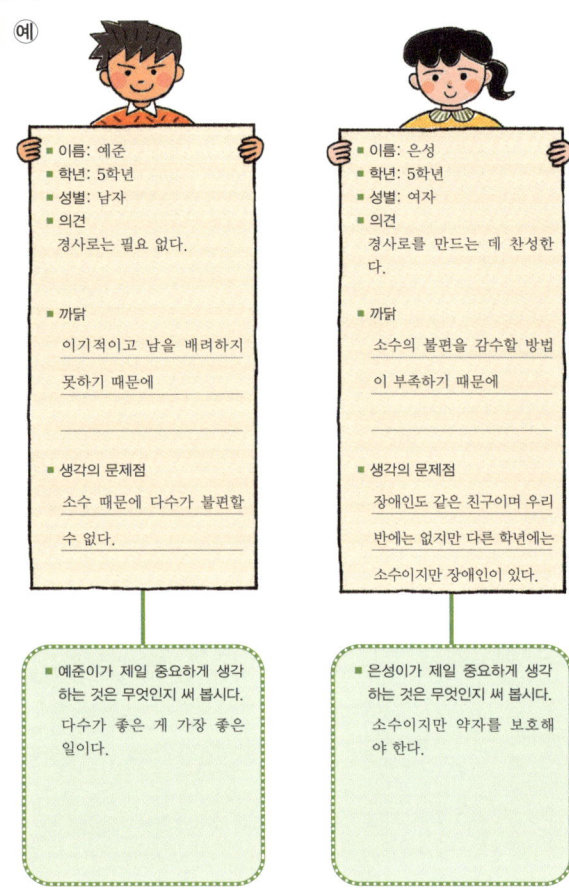

- 이름: 예준
- 학년: 5학년
- 성별: 남자
- 의견
  경사로는 필요 없다.
- 까닭
  이기적이고 남을 배려하지 못하기 때문에
- 생각의 문제점
  소수 때문에 다수가 불편할 수 없다.

- 예준이가 제일 중요하게 생각하는 것은 무엇인지 써 봅시다.
  다수가 좋은 게 가장 좋은 일이다.

- 이름: 은성
- 학년: 5학년
- 성별: 여자
- 의견
  경사로를 만드는 데 찬성한다.
- 까닭
  소수의 불편을 감수할 방법이 부족하기 때문에
- 생각의 문제점
  장애인도 같은 친구이며 우리 반에는 없지만 다른 학년에는 소수이지만 장애인이 있다.

- 은성이가 제일 중요하게 생각하는 것은 무엇인지 써 봅시다.
  소수이지만 약자를 보호해야 한다.

81쪽 느낌·생각

1 예

남녀의 차이는 없어야 한다. 누구나 자기주장을 펼칠 수 있어야 한다. 그게 민주 사회이다.

얼굴 표정은 자유롭게 그립니다.

2 예 예준아, 장애인 운운하며 차별하는 말을 하면 안 돼. 장애인이 잘못된 것의 기준이 아니잖아. 장애인도 우리 사회의 일원이니까 적극적으로 함께 살아가야 해.

왜냐하면 사회 구성원 전체가 행복하기 위해서 소수도 행복해야 하기 때문이지. 장애인은 본인이 원해서 되는 것이 아니잖아. 누구나 가능성이 있는 거니까.

82쪽 일반화

1 예 지뢰를 밟아 다리를 잃었지만 군인으로 계속 근무하는 곽 중사 / 장애인 택시 기사 / 국가 대표 농구 선수 / 스티븐 호킹 박사 등

2 예

학교 시설	변화 방향	까닭
복도 벽면	손 잡이 설치	걷기 힘든 장애인 친구들이 의지하기 쉽도록 하기 위해
책상	크고 높은 것으로 교체	장애인 친구들이 휠체어를 탄 채 책상을 이용하게 하기 위해
화장실	장애인용 넓은 칸과 변기	휠체어를 타고 들어가 볼일을 보고, 팔을 의지할 수 있도록 하기 위해

83쪽 창의성

1 예

새로운 속담

눈 먼 장님은 음악 작곡하고
말 못 하는 벙어리는 <u>전자책 작가 된다</u>.

새로운 뜻

과학 기술이 발전해서 장애가 있더라도 자신의 장애를 극복할 수 있다.

새로운 속담

앉은뱅이가 <u>스티븐 호킹 같은 박사가 된다</u>.

새로운 뜻

스티븐 호킹처럼 휠체어에 앉아만 있는 사람일지라도 지적 능력이 있으면 신체적인 장애는 문제가 안 된다.

C-2 대한민국 어린이 헌장

85쪽 선언문이란

1. 예

선	선생님의 말씀을 잘 듣고
언	언제나 책을 가까이 하며
문	문제를 신중하게 풀겠습니다.

2. 건강 / 독립

86쪽 낱말 익히기

1. 예 새싹, 장난감, 웃음, 선물, 놀이터 등 어린이와 관련된 낱말이나 장면을 떠올려 봅니다.

2.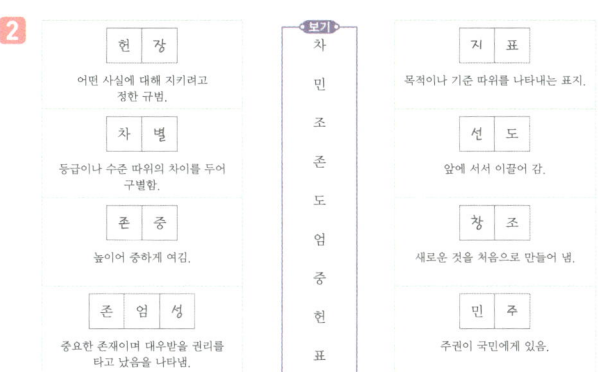

87쪽 예측하기

1. 예 1 ④
2. 창피하고 억울한 기분이 들었다.
3. 다른 친구들이 나서서 도와주면 좋았을 것이다. 여러 친구들이 놀리지 말라고 했다면 놀리던 친구들이 부끄러워 장난을 멈출 것이기 때문이다.

89쪽 내용 정리하기

1. 1 모든 어린이가 차별 없이 인간으로서의 존엄성을 지니고 겨레의 앞날을 이어 나갈 새사람으로 존중되며 바르고 아름답고 씩씩하게 자라도록 함
2. 어린이 / 보호

2.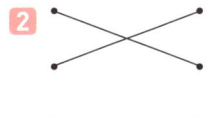

90쪽 느낌·생각

1. 1 몸이나 마음에 장애를 가진 어린이는 필요한 교육과 치료를 받아야 하고, 빗나간 어린이는 선도되어야 한다.

2. 예 보조 선생님이 옆에서 도와준다. / 선생님이 먼저 글자로 정리된 학습지를 보여 준다. / 보청기를 착용하게 한다.
3. 장애를 가진 친구들을 도와주는 모습이 잘 드러나게 만화를 그려 봅니다.

91쪽 일반화

1. 1 예 글자를 읽지 못해 공부에 어려움을 겪었던 많은 시각 장애인들이 책이나 학습 자료를 읽을 수 있게 되면서 공부를 더 잘하게 되었을 것이다. / 학습에 어려움을 겪어 좋은 직장에서 일하기 어려웠을 텐데 점자를 개발한 이후로는 비장애인과 같은 학습력을 갖추게 되어 좋은 직장에 취직할 수 있게 되었을 것이다.
2. 장애를 가진 어린이의 학습을 도와줄 수 있는 도구를 생각하여 그려 봅니다.

C-3 장애인 의무 고용 필요한가

93쪽 배경지식

1. 교재의 내용을 따라 하며 장애 체험을 해 봅니다.
2. 예 몸이 내 마음대로 움직이지 않아 불편했다. / 친구와 의사소통이 잘되지 않아 답답했다.

94쪽 문제 제시

1. 의무 고용

95쪽 문제 해결 방법 알기

1. (찬성) 비장애인에 비해 취업하기가 어렵고 기회조차 갖지 못하는 경우가 많으므로 제도적 지원이 필요하다.
(반대) 비장애인도 취업하기 힘든 세상이고, 무엇보다 비장애인이 장애인에 비해 할 줄 아는 것이 더 많다.
2. - 60 또는 61 / 36 또는 37
- 장애인 가구 / 전국 가구
- 높아지고 있다 / 못 미친다.

96쪽 문제 해결하기

1. 예 - 비장애인에 비해 장애인 고용률이 현저히 낮다는 문제점과 능력이 있음에도 장애인이라는 이유로 차별받는 사회 분위기를 개선하기 위해 마련되었습니다.

해답

- 전체 직원이 100명일 때 그중 3명을 장애인으로 의무 고용한다는 내용이니 그 외는 비장애인이라고 생각하면 될 것 같습니다.
- 장애인 의무 고용제를 지키지 않을 경우 내야 하는 부담금이 그리 많지 않아 어떤 기업들은 부담금을 내고 장애인을 고용하지 않는 경우가 있습니다. 이런 기업들이 많아지면 장애인 차별 및 고충은 더욱 심해지고 사회 구성원 간의 편차가 심해지게 될 것입니다.
- 저는 개인적으로 아름답고 건전한 사회가 되기 위해서는 〈장애인 의무 고용〉 제도 같은 사회적 약자를 위한 제도들이 많이 만들어져야 한다고 생각합니다. 장애인을 사회에서 배려해 주지 않으면 더욱 고립되고 소외될 것입니다. 비장애인들이 좀 더 인권에 대한 의식 수준을 높여 장애인과 더불어 살아가는 사회를 만들었으면 좋겠습니다.

97쪽 문제 해결하기

2 예

제목	배려의 시선으로 보는 〈장애인 의무 고용〉 제도
주제문	〈장애인 의무 고용〉 제도는 장애인 배려 차원의 필요한 제도이다.
본론	• 〈장애인 의무 고용〉 제도에 대한 설명 비장애인에 비해 장애인 고용률이 현저히 낮다는 문제점과 능력이 있음에도 장애인이라는 이유로 차별받는 사회 분위기를 개선하기 위해 마련되었다. • 자신의 주장: 〈장애인 의무 고용〉 제도는 장애인 배려 차원에서 필요한 제도이다. 까닭 1: 장애인은 비장애인에 비해 소득이 현저히 낮다. 까닭 2: 장애인은 비장애인보다 일을 잘할 수 없다는 편견이 심해 취업이 어렵다. 까닭 3: 장애인 의무 고용 기준율이 크지 않아 비장애인 취업에 큰 영향을 미치지 않는다.
결론	비장애인은 배려의 시선으로 장애인의 어려운 상황을 이해하고 제도 마련을 위해 함께 힘을 모아야 한다.

98쪽 초고 쓰기

1 예 (앞부분 생략)

〈장애인 의무 고용〉 제도란 일반적으로 비장애인에 비해 취업하기 어려운 장애인의 문제를 해결하기 위해 기업으로 하여금 일정한 비율만큼 장애인을 고용하도록 규정한 제도를 말한다.

이를 두고 장애인과 비장애인의 입장 차이가 생기고 있는데, 나는 〈장애인 의무 고용〉 제도가 꼭 필요하다고 생각한다.

그 까닭은 첫째, 비장애인에 비해 장애인의 취업률 및 소득이 현저히 낮기 때문이다. 장애인 고용에 관련된 한 조사에 따르면, 장애인 취업률 및 소득은 비장애인의 절반 정도밖에 되지 않는다고 한다. 〈장애인 의무 고용〉 제도가 있어도 이를 지키지 않고 부담금만 내는 기업도 많다고 하는데 이마저도 축소된다면 장애인을 고용할 기업은 더욱 줄어들 것이고, 장애인의 소득과도 연결되어 더 힘겨운 삶을 살아야 할 것이다.

둘째, 이 제도를 통해 장애인이 일을 잘하지 못하고, 사람들과 자연스럽게 어울리지 못할 것이라는 편견을 깰 수 있다. 〈장애인 의무 고용〉 제도가 생겨나면서부터 조금씩 장애인 고용률이 높아지고 있는데, 다양한 기업에서 제 역할을 열심히 해내는 장애인들을 통해 편견을 깨고 더불어 사는 사회를 만들 수 있는 새로운 장이 마련된 것이다.

셋째, 〈장애인 의무 고용〉 제도가 비장애인에게 역차별을 준다는 것은 무리가 있다. 한 회사를 놓고 봤을 때 전체 국민의 95%를 차지하는 비장애인에게는 97%의 취업 기회가 주어지고, 5%를 차지하는 장애인에게는 3%의 취업 기회가 제공된다. 정도와 상황의 차이가 있겠지만 비장애인에게 역차별을 줄 만큼 과한 기준은 아니라고 생각한다.

그러므로 비장애인은 장애인의 어려운 상황을 헤아려 〈장애인 의무 고용〉 제도에 대한 인식을 개선해야 할 필요가 있다. 또한 장애인은 〈장애인 의무 고용〉 제도의 혜택을 적극 활용하되 장애인에 대한 편견을 깰 수 있도록 강한 의지와 성실한 자세로 근무하는 노력을 보여 주어야 한다. 서로를 존중하며 더불어 살아갈 때 우리 사회는 더욱 아름답고 건강하게 발전될 것이다.

101쪽 작품화 하기

1 예 '함께 일하고 함께 웃는 대한민국!'과 같은 문구를 생각하여 장애인 고용과 관련된 공익 광고를 만듭니다.

D 법 사랑 행복 사회

D-1 재판을 신청합니다

105쪽 배경지식

1

		그렇다.	그렇지 않다.
1	모든 국민은 행복을 추구할 권리가 있다.	○	
2	사람들이 어울려 살아가려면 일정한 질서와 약속이 필요하다.	☆	
3	규칙을 정할 때는 먼저 힘이 세고 똑똑한 사람에게 의견을 물어봐야 한다.		◆
4	나의 권리와 다른 사람의 권리가 부딪힐 때는 무조건 나의 권리부터 보호해야 한다.		△

법

106쪽 낱말 익히기

1 1. 피원고 2. 재판사 3. 증인거 4. 3배심원

5

검변호사

6 국민참여재판결

107쪽 예측하기

1 1. 식판 / 화난 / 저울
2. ㉮ 장진의 반찬을 현상이가 마음대로 먹어서 화난 진이가 재판을 신청한 것 같다.

108쪽 내용 파악하기

1 판사, 검사, 변호사, 증인 등
2 장진이 규칙을 어기고 도우미인 현상이에게 시켜서는 안 될 일까지 시킨 죄

109쪽 내용 파악하기

3 앞으로 이 주일간 현상이의 도우미 역할을 한다.
4 다른 주인들도 선생님 몰래 도우미한테 시키지 말아야 할 일을 잔뜩 시켰기 때문에

110쪽 내용 파악하기

5 도우미 규칙을 통해 잘못을 반성하는 경우보다 복수할 생각만 키우는 경우가 많기 때문에

111쪽 내용 정리하기

1 ②, ①, ③
2 ㉮ 1 진이를 따돌렸다면 진이는 마음에 상처를 받아 학교생활을 힘들어하고 현상이는 나중에 후회하게 될 것이다.
2 진이는 자신의 잘못을 뉘우치지 못하고 계속 다른 친구들을 힘들게 했을 것이다. 또한 현상이는 친구 관계에서 생기는 문제들을 계속 피하게만 될 것이다.
3 화난 진이가 선생님께 일러 오히려 현상이가 더 많이 혼나게 될 것이다.

112쪽 느낌 · 생각

1 1. 윤현상 / 장진
2. 장진 / 오늘의 할 일이나 심부름, 급식 대신 타 오기
3. 장진 / 윤현상 / 도우미

4. 윤현상 / 잘못을 반성하기보다 복수할 생각만 하게 한다. / 친구끼리 감시하게 된다.
5. ㉮ 벌점 스티커 받기 / 내 벌점을 선생님께서 관리해 주어 친구들끼리 감정이 상하는 일이 줄어들게 될 것이다.

113쪽 일반화

1 ㉮ 2. 세상에서 가장 소중한 나! 나의 몸과 마음이 건강하게 자라도록 스스로 노력한다.
3. 친구의 마음에 상처를 주는 말이나 행동을 하지 않는다.
4. 체육관
5. 나에게 문제가 생겼을 경우 먼저 스스로 해결해 보고, 어려울 경우 친구나 선생님께 도움을 요청한다.
6. 선생님과 학교 관리를 도와주시는 많은 분들께 감사한 마음을 가지며, 항상 예의 바른 자세로 대한다.
7. 시간 약속을 잘 지킨다.
8. 각자 맡은 역할을 성실하게 수행하고 남에게 미루지 않는다.
9. 위 사항을 잘 지켰을 경우, 개인별 칭찬 스티커를 받으며 칭찬 스티커 개수에 따라 다양한 혜택을 받을 수 있다.
10. 선생님

D-2 대한민국 초대 대법원장 김병로

115쪽 전기문이란

1 빙고 게임 방법에 따라 친구와 빙고 게임을 해 본다.

116쪽 전기문이란

2 ㉮

이름	이순신
생몰	1545년~1598년
성격 및 특징	전술에 능하고, 의지가 강하며, 강직한 성품을 지녔다.
인물의 업적	거북선을 제작하였다. 삼도 수군통제사를 지내며 임진왜란으로 나라가 위기에 처했을 때 여러 해전에서 맹활약하였다. 한때 누명을 쓰고 백의종군하다가 통제사 원균이 패하자 흩어진 병선을 모아 왜군을 물리쳤다. 노량 해전에서 적의 유탄에 맞아 전사하였다. 저술로는 『난중일기』가 유명하다.
존경하는 까닭	힘들고 두려운 상황 속에서도 흔들림 없이 강한 모습과 뛰어난 전술력으로 해전에 임한 모습이 감동적이었다.

117쪽 낱말 익히기

1 1 적은 금액의 봉급.
2 어떤 직책의 임무를 수행함.
3 어기어 지키지 않음.
4 나라에서 일한 대가로 관료에게 주는 돈.
5 첫 번째.
2 ㉮ 내 친구 ○○○ / 놀이터에서 만 원을 주웠는데 자기가 가지지 않고 아파트의 관리실에 갖다 주었다.

118쪽 예측하기

1 - 하는 일: 판사는 재판을 진행하며, 변호사와 검사의 설명, 변호사 및 증인의 이야기, 사건 증거 등 재판에 관련된 자료들을 살펴보고 법률에 따라 판결을 내린다.
- 필요한 능력: 법률에 대해 잘 알고 있어야 하며, 상황을 논리적으로 살펴보고 합리적인 판결을 내릴 수 있어야 한다. 그리고 무엇보다 공정하고 정의로운 자세가 필요하다.
- 어울리는 성격: 다른 사람의 이야기에 관심이 많고, 잘 들어 줄 줄 알며, 주어진 일을 성실하게 잘 해결하는 사람에게 어울린다.

119쪽 내용 파악하기

1 <u>정의를 위해 굶어 죽는 것이 부정을 범하는 것보다 수만 배 명예롭습니다.</u>

120쪽 내용 파악하기

2 ㉮ 권력을 가진 사람들이 법을 마음대로 바꾸어 억울한 일을 겪는 사람들이 많아지게 될 것이다.

121쪽 내용 정리하기

1

생몰	1887~1964
직업	판사, 대법원장
성격	㉠ 불의·부정과 타협하지 않는 청렴함을 가진 강직한 분이다.
본받을 점	㉠ 자기 스스로가 청렴한 모습을 보여 주어 다른 사람들의 모범이 되었고, 대통령이라고 할지라도 올바르지 않은 모습을 보일 경우 자신의 생각을 당당하게 밝힌 모습이 인상 깊었다.

2 독립 / 정의 / 청렴

122쪽 느낌·생각

1 (앞부분 생략)

㉠ 여러 사건을 맡아 판결을 하다 보면 이런 저런 부탁을 받는 경우가 많이 생기게 될 것 같습니다. 평소에 나에게 도움을 많이 주었던 사람의 부탁이라면 더욱 들어주고 싶은 것이 당연한 일이지만, 판사님만큼은 그런 사사로운 정에 이끌려 판결을 내리지 말아 주셨으면 합니다.

판사님의 판결로 세상이 달라질 수 있음을 이해해 주시고, 좀 더 아름답고 공정한 세상이 만들어질 수 있도록 모든 재판에서 정확하고 올바른 판결을 내려 주세요. 저 역시 제가 자라 이 세상을 아름답게 만들 수 있도록 공부도 열심히 하고 부모님과 선생님 말씀도 잘 들으며 제 자리에서 성실히 지내겠습니다.

123쪽 창의성

1 ㉠ 유리 창문

바깥세상이 투명하게 보이는 유리 창문처럼 법도 투명하게 집행되기를 바라기 때문에 준법 상징물로 정하였다.

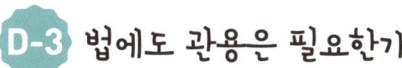 법에도 관용은 필요한가

125쪽 배경지식

1 1 일곱 명의 조카에게 먹일 식량과 돈이 없었기 때문에 빵을 훔쳤다.

2 ㉠ 빵 한 덩어리 훔쳤다고 나를 19년이나 감옥에 가두다니……. 조카들도 제대로 키우지 못하고 너무 억울해!

127쪽 문제 해결 방법 알기

1

	검사	변호사
주장	장 발장은 벌을 받아야 한다.	장 발장은 벌을 받지 않아도 된다.
까닭	이 사람 저 사람 사정을 다 봐주었다가는 법의 위력이 떨어지고 악용되는 경우가 발생한다.	장 발장이 빵을 훔친 것은 장 발장의 나쁜 마음 때문이 아니라 도저히 어쩔 수 없는 상황 때문이었다.
법에 대한 관점	법은 누구에게나 공평 하게 적용되어야 한다.	어려운 상황에 처한 사람에게는 법도 관용 을 베풀어야 한다.

2 ㉠ 존경하는 재판장님!

저는 장 발장에게 벌을 주어야 된다고 생각합니다.

그 까닭은 장 발장이 아무리 어려웠어도 다른 사람의 물건을 훔친 것은 잘못된 행동입니다. 또한 장 발장이 처한 상황 때문에 관용을 베푼다면 그와 비슷한 상황에 놓인 많은 사람들이 똑같은 범죄를 저지를 우려가 있기 때문입니다.

㉠ 존경하는 재판장님!

저는 장 발장에게 벌을 주지 않아도 된다고 생각합니다.

그 까닭은 다른 사람의 물건을 훔친 것은 명백한 잘못이지만 장 발장에게는 보살펴야 할 어린 일곱 조카가 있습니다. 이런 그를 빵 한 덩어리 훔쳤다고 감옥에 가두는 것은 너무 가혹합니다. 어린 조카들을 키우고 빵집 주인에게 끼친 피해를 스스로 갚을 수 있도록 일자리를 마련해 주면 앞으로 이런 일은 생기지 않을 것입니다.

128쪽 문제 해결 방법 알기

3 ㉠ 법은 누구에게나 공평하게 적용되어야 한다.

㉠ 어려운 사람에게는 법도 관용을 베풀어야 한다.

129쪽 제목 정하기

1

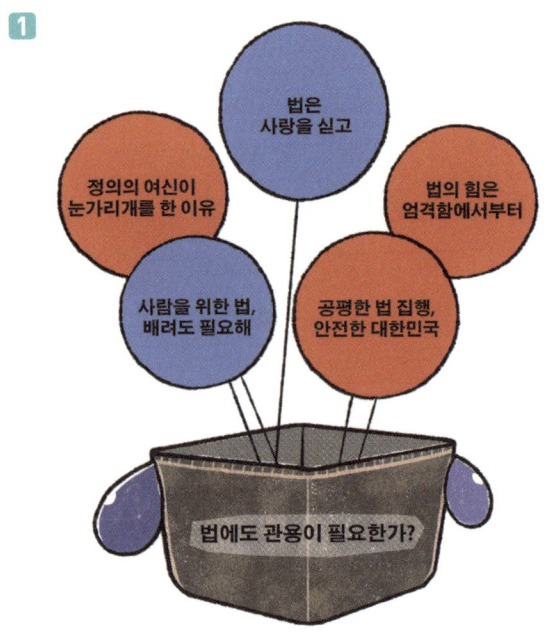

2 예) 사람을 위한 법, 배려도 필요해 / 상황에 따라 법도 관용을 베풀어야 한다는 내 입장에 잘 어울리는 제목이기 때문이다.

130쪽 문제 해결하기

1 예)

제목	사람을 위한 법, 배려도 필요해
주제문	상황에 따라 법도 관용을 베풀 줄 알아야 한다.
서론	장 발장 사례
본론	• 자신의 주장: 상황에 따라 법도 관용을 베풀 줄 알아야 한다. • 까닭 1: 사람마다 처한 상황이 모두 다른데 한 가지 기준으로만 판단을 내리는 것은 오히려 불공정한 결과를 초래한다. • 까닭 2: 법으로 사람을 벌주는 것보다는 법을 통해 아름다운 세상을 만들 수 있는 계기를 마련하는 것이 더욱 가치 있는 일이다.
결론	상황에 따라 법도 관용을 베풀 수 있을 때 보다 아름다운 세상을 만들 수 있게 될 것이다.

131쪽 초고 쓰기

1 예) 제목: 사람을 위한 법, 배려도 필요해

(앞부분 생략)

나는 법을 집행할 때 관용은 필요하다고 생각한다. 왜냐하면 사람마다 처한 상황이 모두 다른데 이 모든 것을 한 가지 기준으로 판단한다는 것 자체가 불공정한 일인 것 같다. 〈절도〉라는 범죄 하나만 보더라도, 먹고 살게 없을 정도로 가난해서 저지른 절도와 충분히 여유로운 형편인데도 그저 남의 것이 탐이 나서 저지른 절도는 큰 차이가 있다. 그런데 이것을 벌금 얼마, 징역 몇 년이라는 한 가지 법률로만 판단하는 것이 과연 공정한 법 집행이란 말인가?

법이란 것은 공동체 생활을 안전하고 행복하게 영위하기 위해서 만들어진 규율이다. 잘못한 이들에게 벌을 주고 법의 힘을 보여 주는 것도 중요하지만 힘들고 어려운 상황에 놓인 사람들에게까지 무턱대고 날카로운 칼날을 들이대는 것은 옳지 않다. 그 상황을 먼저 살펴봐 주고 법의 힘으로 도와줄 수 있는 부분이 있는지, 자신이 잘못한 부분을 스스로 해결할 수 있는 기회를 제공할 수 있을지 살펴봐 주는 것도 무척 가치 있는 일이다.

진정한 공정이란 어려운 상황에 놓인 사람에게는 좀 더 치우쳐 배려해 주는 것이 아닐까? 여러 사례를 통해 법에도 관용이 있다는 것을 느끼며 보다 아름다운 세상을 만들었으면 좋겠다.

132쪽 고쳐 쓰기

1 자신의 글을 다시 한번 읽어 보고 알맞은 곳에 표시해 본다.

2 예) 김주호 / 나는 네 생각과 같아. 왜냐하면 어쩔 수 없이 범죄를 저지르는 사람도 있기 때문이야.

예) 최수영 / 나는 네 생각과 달라. 왜냐하면 사람에 따라 법을 달리 적용한다면 힘 있는 사람들에게 유리한 판결을 내리게 될 수도 있어.

133쪽 일반화

1

	법의 엄격한 적용	법을 통한 관용	내가 주는 판결 점수
장 발장이 받은 판결	○	×	예) 50 /100
라과디아 판사의 판결	○	○	예) 80 /100

출처

■ 글
- 〈멀리 있는 친구〉, 김상규 / 12쪽
- 〈천 년의 역사가 살아 숨 쉬는 국립경주박물관〉, 김대조 / 24쪽
- 〈우리의 소원〉, 작사 안석주, 작곡 안병원 / 37쪽
- 〈오징어 싸움〉, 김상규 / 44쪽
- 〈당신의 의견은?〉, 김상규 / 76쪽
- 〈재판을 신청합니다〉, 글 이명랑, 그림 이강훈, 시공주니어 / 108쪽
- 〈대한민국 초대 대법원장 김병로〉, 법사랑 사이버랜드, 법무부 / 119쪽

■ 이미지
- 〈KBS 이산가족찾기 기록물〉 사진, KBS 한국방송 / 9쪽, 17쪽
- 〈제10차 남북적십자회담〉 사진, 국가기록원(관리번호 DET0056792) / 17쪽
- 〈강강수월래하는 한민족〉 이미지, 전혜진, 2002년 이야기가 담긴 사이버통일그림 공모전, 통일부 / 27쪽
- 〈밤송이의 꿈〉 이미지, 김종형, 2002년 이야기가 담긴 사이버통일그림 공모전, 통일부 / 27쪽
- 〈학교폭력 예방 교육 리플렛(학생용)〉 이미지, 교육부 / 50쪽
- 〈난 상관없어〉 이미지, 학교폭력 예방교육 영상, 교육부 / 60쪽
- 〈장애인 젓가락〉 포스터, 한국방송광고진흥공사 / 101쪽
- 〈편견을 접으면〉 포스터, 한국방송광고진흥공사 / 101쪽
- 〈제1대대법원장김병로〉 사진, 국가기록원(관리번호 CET0084858) / 119쪽
- 〈정의의 여신상〉 사진, -JvL-, flickr / 123쪽

EBS 미디어는 이 책에 실린 모든 글과 이미지의 출처를 찾기 위하여 최선의 노력을 기울였습니다.
저작권자를 찾지 못하여 허락을 받지 못한 글과 이미지는 저작권자가 확인되는 대로 통상의 사용료를 지불하겠습니다.